Stefan Schäfer

Kompetenztests Deutsch 9/10

Aufgaben in drei Differenzierungsstufen,
Selbsteinschätzungsbögen, Überblickswissen

Auer Verlag

Gedruckt auf umweltbewusst gefertigtem, chlorfrei gebleichtem und alterungsbeständigem Papier.

1. Auflage 2012
Nach den seit 2006 amtlich gültigen Regelungen der Rechtschreibung
© Auer Verlag
AAP Lehrerfachverlage GmbH, Donauwörth
Illustrationen: Barbara Schumann
Satz: Fotosatz H. Buck, Kumhausen
Druck und Bindung: Aubele Druck GmbH, Kempten
ISBN 978-3-403-**06899**-0

www.auer-verlag.de

Inhaltsverzeichnis

Vorwort

Kompetenztests in Form von Vergleichsarbeiten, Lernstandserhebungen, Diagnosearbeiten oder auch zentralen Abschlussprüfungen haben sich in der Schullandschaft über alle Bundesländer hinweg längst etabliert.

Da sich einerseits Kompetenzen bestimmungsgemäß in variablen und damit vom Unterrichtskontext unabhängigen Anwendungssituationen zeigen und da andererseits in Kompetenztests auch Aufgabenformate bzw. Fragestellungen vorkommen, die den Schülern[1] oftmals noch nicht so vertraut sind, müssen die Schüler auf solche Tests – sollen sie erfolgreich verlaufen – vorbereitet werden.

Das Buch *Kompetenztests Deutsch 9/10* unterstützt diese Vorbereitung, indem nicht nur zentrale und für die Testformate relevante Kompetenzbereiche wiederholt werden, sondern die Schüler diese auch in entsprechenden Kompetenztests erproben.

Der Aufbau der verschiedenen Kapitel ist dabei stets gleich:
- **Checkliste:** Hier können sich die Schüler zu Beginn nicht nur selbst einschätzen, sondern bekommen auch einen Überblick über die verschiedenen Teilkompetenzen und Aufgaben.
- **Kompetenzdarstellung:** Auf zwei Seiten werden die jeweiligen (Teil-)Kompetenzen anschaulich und beispielbasiert dargestellt.
- **Übungsteil:** In kleinschrittigen, didaktisierten und dreistufig differenzierenden Aufgaben werden die (Teil-)Kompetenzen erarbeitet.
- **Kompetenztest:** Hier können die Schüler das Gelernte in einem komplexeren Zusammenhang erproben.

Die eigentlichen Kompetenztests legen dabei den Schwerpunkt auf die im jeweiligen Kapitel erarbeiteten (Teil-)Kompetenzen, wobei zugleich verschiedene Kompetenzbereiche erfasst werden.
Aufgaben, die nicht zum gerade erarbeiteten Kompetenzbereich gehören, sind im Test mit dem Symbol ⬇ gekennzeichnet. Diese Aufgaben umfassen dann entweder in anderen Kapiteln erarbeitete Kompetenzen oder aber Stoff aus früheren Jahrgangsstufen (vor allem in den Bereichen Rechtschreibung und Grammatik).

Neben der gezielten Vorbereitung auf anstehende Tests können die vorliegenden Materialien natürlich auch lehrwerksunabhängig zur Wiederholung bzw. Vertiefung der verschiedenen Kompetenzbereiche genutzt werden. Dies auch differenzierend: Während schwächere Schüler die Kompetenzdarstellung und einfachere Aufgaben erarbeiten, können leistungsstärkere Schüler schwierigere Aufgaben und/oder die eigentlichen Kompetenztests lösen.

Viel Erfolg bei der Arbeit mit den Materialien in *Kompetenztests Deutsch 9/10*!

Stefan Schäfer

---

1 Aufgrund der besseren Lesbarkeit werden in diesem Buch ausschließlich die männlichen Formen verwendet. Wenn von Schüler gesprochen wird, ist immer auch die Schülerin gemeint, ebenso verhält es sich mit Lehrer und Lehrerin.

Checkliste

Kompetenzen:

Nr.	Ich kann ...	Aufgaben	– –	–	0	+	+ +
K₁	die Handlung (die Ereignisfolge) eines epischen Textes erfassen und in knapper Form wiedergeben.	1					
K₂	den Handlungsraum eines epischen Textes beschreiben und ihn als Stimmungsraum deuten.	2					
K₃	den Charakter einer literarischen Figur erschließen.	3, 11					
K₄	Motive und ihre Bedeutung erkennen.	4					
K₅	die lyrische Situation in einem Gedicht erfassen.	5					
K₆	in einem literarischen Text Bedeutungsbeziehungen zwischen Wörtern bzw. Begriffen erkennen.	6					
K₇	eine Entwicklung in einem Gedicht erkennen.	7					
K₈	die Gedichtform Sonett an ihren Merkmalen erkennen.	8					
K₉	eine Deutungshypothese zu einem literarischen Text formulieren.	9					
K₁₀	in der Exposition eines dramatischen Textes einen dramatischen Konflikt erkennen.	10					

Stefan Schäfer: Kompetenztests Deutsch 9/10
© Auer Verlag – AAP Lehrerfachverlage GmbH, Donauwörth

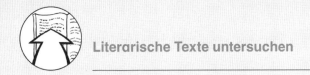

Kompetenzdarstellung

Wichtige Aspekte bei der Untersuchung epischer Texte:

- **Erzählform und -verhalten:** Gibt es einen Ich- oder einen Er-Erzähler? Wird auktorial, personal oder neutral erzählt?
- **Erzählweise:** Wird überwiegend berichtend, szenisch und/oder beschreibend erzählt? Gibt es Erzählerkommentare? Weist der Text satirische Züge auf?
- **Handlung:** Wie entwickelt sich das Geschehen (Ereignisfolge)? Welche Motive kommen vor und sind bestimmend? Was lässt sich über Zeit und Ort der Handlung aussagen?
- **Figuren:** Welche charakteristischen Merkmale haben die Hauptfiguren? Wie stehen die Figuren zueinander?
- **Figurenrede:** Gibt es neben direkter auch indirekte Rede, innere Monologe oder erlebte Rede? Welche Wirkung hat das?
- **Zeitgestaltung:** Wird zeitdeckend, zeitraffend, zeitdehnend oder zeitneutral erzählt? Wird linear erzählt oder gibt es Zeitsprünge, Vorausdeutungen und/oder Rückblenden?
- **Sprache und Stil:** Welche Auffälligkeiten gibt es in Satzbau und/oder Wortwahl? Welche Sprachebene wurde gewählt? Gibt es rhetorische Figuren wie Metaphern, rhetorische Fragen oder Ellipsen? Welche Wirkung geht jeweils von den sprachlichen Mitteln aus?
- **Merkmale der Textsorte:** Welche typischen Merkmale einer Kalendergeschichte, einer Novelle, einer Kurzgeschichte usw. weist der Text auf bzw. nicht auf?
- **Handlungs- und Stimmungsraum**

 Unter dem **Handlungsraum** eines Textes versteht man die Schauplätze der Handlung samt der sich dort befindenden Gegenstände.

Unter dem **Stimmungsraum** (auch: Symbolraum) eines Textes versteht man die Stimmung, die von einem Handlungsraum ausgeht. Diese Stimmung kann dabei symbolischen Charakter haben. Zum Beispiel kann sich eine Figur bei strahlendem Wetter auf eine Reise machen und die ganze Natur und ihre Erscheinungen (Bäume, Blumen usw.) als herrlich erleben. Spiegelt das Wetter und die Landschaft die Gefühlslage der Figur wider (geht es der Figur also selbst „herrlich"), dann ist der Handlungsraum zugleich Stimmungsraum. Umgekehrt kann man aus der Beschreibung des Handlungsraumes oft auch Rückschlüsse auf die Gefühle der Figuren ziehen.

Wichtige Aspekte bei der Untersuchung lyrischer Texte:

- **Sprecher und Adressat:** Wer (lyrisches Ich, Rollen-Ich) spricht zu wem?
- **Lyrische Situation, Inhalt:** In welcher Situation befindet sich der Sprecher? Wie entwickelt sich die Situation im Laufe des Gedichtes? Worum geht es inhaltlich? Welche Themen behandelt das Gedicht?
- **Form, Struktur:** Hat das Gedicht eine besondere Form (z.B. Lied, Sonett usw.)? Wie ist es aufgebaut (Verse und Strophen)? Welche klangliche Gestaltung liegt zugrunde (Metrum, Rhythmus, klangstarke Wörter, Reime)?
- **Bildlichkeit:** Welche Bilder (z.B. Metaphern) beherrschen das Gedicht? Wie stehen die Bilder inhaltlich und formal zueinander?
- **Sprache und Stil:** siehe oben „Untersuchung epischer Texte"

Wenn du ein Gedicht interpretieren sollst, solltest du es zunächst einmal unter den Aspekten Sprecher, Inhalt und Bildlichkeit analysieren. Formuliere anschließend eine erste **Vermutung zur Deutung des Gedichtes**. Um deine **Deutungshypothese zu überprüfen**, kannst du nun das Gedicht unter den Aspekten Form/Struktur und Sprache untersuchen. Achte darauf, ob und wie die formale Seite des Gedichtes die inhaltliche unterstützt. Wenn du keine Übereinstimmungen zwischen Form und Inhalt findest, solltest du deine Deutungshypothese überprüfen.

 Sonett (vom italienischen Wort *sonetto* „kleiner Ton") nennt man eine Gedichtform, die aus zwei vierzeiligen Strophen (den sog. Quartetten) und zwei dreizeiligen Strophen (den sog. Terzetten) besteht. Das Reimschema folgt ursprünglich dem Muster abab/abab oder abba/abba bei den Quartetten und cdc/dcd bzw. cde/cde bei den Terzetten, wird aber vielfach abgewandelt. Inhaltlich werden in Sonetten oft Gegensätze und zugleich eine inhaltliche Entwicklung ausgedrückt.

Lied/Volkslied: Gedichtform, die meist aus vierzeiligen gereimten Strophen besteht; oft finden sich Kehrreime (z.B. in Form eines Refrains); die Verse sind dabei drei- oder vierhebig; der Inhalt des Gedichtes ist schlicht, d.h. es werden Themen von allgemein menschlichem Gehalt behandelt, die von allen verstanden bzw. nachempfunden werden können.

Stefan Schäfer: Kompetenztests Deutsch 9/10
© Auer Verlag – AAP Lehrerfachverlage GmbH, Donauwörth

Wichtige Aspekte bei der Untersuchung dramatischer Texte:

- **Form:** Wie ist die Einteilung (Akte, Szenen, Prolog, Epilog)? Ist die Dramenform offen oder geschlossen?
- **Handlung:** Wie entwickelt sich die Handlung? Welche Funktion hat der Ausschnitt im gesamten Stück? Welcher dramatische Konflikt liegt dem Drama/dem Ausschnitt zugrunde? Welche Motive kommen vor und sind bestimmend? Was lässt sich über Zeit und Ort der Handlung aussagen?
- **Figuren:** siehe oben „Untersuchung epischer Texte"
- **Figurenrede:** Gibt es neben Dialogen auch Monologe? Welche Funktion haben die Monologe?
- **Sprache und Stil:** siehe oben „Untersuchung epischer Texte"
- **Merkmale der Textsorte:** Welche typischen Merkmale einer Tragödie, eines bürgerlichen Trauerspiels, einer Komödie usw. weist der Text auf bzw. nicht auf?

 Klassische Dramen sind in der Regel in **fünf Akte** eingeteilt, wobei jeder Akt eine bestimmte Funktion hat:

1. Akt – Exposition: Die Exposition ist mit dem Erzählsetting in Erzählungen vergleichbar. Hier bekommt der Zuschauer alle Angaben über die Figuren, den Ort und die Zeit der Handlung, die Vorgeschichte sowie die Ausgangssituation (der Konflikt des Stückes wird angedeutet).

2. Akt – Steigerung: Die dramatische Situation (der Konflikt) wird entwickelt und zunehmend in seiner ganzen Bedeutung erkennbar.

3. Akt – Höhe- oder Wendepunkt: Die dramatische Situation erreicht ihren Höhepunkt (= maximaler Punkt der Spannung), zugleich wird eine mögliche Lösung des Konfliktes angedeutet (Umschlagen der Handlung).

4. Akt – retardierendes Moment: Hier wird die endgültige Lösung bewusst verzögert (= retardiert); oft erweist sich dabei die im 3. Akt angedeutete Lösung als nicht gangbar.

5. Akt – Katastrophe: Das Wort „Katastrophe" kommt aus dem Griechischen. Es bedeutet eigentlich „Gegenwendung" und ist ursprünglich nicht nur negativ gemeint: Die Handlung bekommt eine neue Wendung, die zur Lösung des Konfliktes führt. In Tragödien kommt es zur „Katastrophe" im heutigen Sinne des Wortes, in Komödien nimmt die Handlung eine glückliche „Gegenwendung".

Stefan Schäfer: Kompetenztests Deutsch 9/10
© Auer Verlag – AAP Lehrerfachverlage GmbH, Donauwörth

Übungsteil

K₁ Aufgabe 1 (*)

Lies den folgenden Auszug aus dem „Taugenichts" von Joseph von Eichendorff. Fasse kurz die geschilderte Handlung (die Ereignisfolge) zusammen. Arbeite in deinem Heft.

Joseph von Eichendorff: Aus dem Leben eines Taugenichts

Das Rad an meines Vaters Mühle brauste und rauschte schon wieder recht lustig, der Schnee tröpfelte emsig vom Dache, die Sperlinge zwitscherten und tummelten sich dazwischen; ich saß auf der Türschwelle und wischte mir den Schlaf aus den Augen; mir war so recht wohl in dem warmen Sonnenscheine. Da trat der Vater aus dem Hause; er hatte schon seit Tagesanbruch in der Mühle rumort und die Schlafmütze schief auf

5 dem Kopfe, der sagte zu mir: „Du Taugenichts! da sonnst du dich schon wieder und dehnst und reckst dir die Knochen müde, und lässt mich alle Arbeit allein tun. Ich kann dich hier nicht länger füttern. Der Frühling ist vor der Tür, geh auch einmal hinaus in die Welt und erwirb dir selber dein Brot." – „Nun", sagte ich, „wenn ich ein Taugenichts bin, so ist's gut, so will ich in die Welt gehen und mein Glück machen." Und eigentlich war mir das recht lieb, denn es war mir kurz vorher selber eingefallen, auf Reisen zu gehn, da ich den Goldammer, der

10 im Herbst und Winter immer betrübt an unserem Fenster sang: „Bauer, miet mich, Bauer miet mich!", nun in der schönen Frühlingszeit wieder ganz stolz und lustig vom Baume rufen hörte: „Bauer, behalt deinen Dienst!" – Ich ging also in das Haus hinein und holte meine Geige, die ich recht artig spielte, von der Wand, mein Vater gab mir noch einige Groschen Geld mit auf den Weg, und so schlenderte ich durch das lange Dorf hinaus. Ich hatte recht meine heimliche Freud', als ich da alle meine alten Bekannten und Kameraden rechts und links, wie

15 gestern und vorgestern und immerdar, zur Arbeit hinausziehen, graben und pflügen sah, während ich so in die freie Welt hinausstrich. Ich rief den armen Leuten nach allen Seiten recht stolz und zufrieden Adjes zu, aber es kümmerte sich eben keiner sehr darum. Mir war es wie ein ewiger Sonntag im Gemüte. […]
Hinter mir gingen nun Dorf, Gärten und Kirchtürme unter, vor mir neue Dörfer, Schlösser und Berge auf; unter mir Saaten, Büsche und Wiesen bunt vorüberfliegend, über mir unzählige Lerchen in der klaren blauen Luft –

20 ich schämte mich laut zu schreien, aber innerlichst jauchzte ich und strampelte und tanzte […] herum, dass ich bald meine Geige verloren hätte, die ich unterm Arme hielt. Wie aber denn die Sonne immer höher stieg, rings am Horizont schwere weiße Mittagswolken aufstiegen, und alles in der Luft und auf der weiten Fläche so leer und schwül und still wurde über den leise wogenden Kornfeldern, da fiel mir erst wieder mein Dorf ein und mein Vater und unsere Mühle, wie es da so heimlich kühl war an dem schattigen Weiher, und dass nun alles so

25 weit, weit hinter mir lag. […]

K₂ Aufgabe 2 (**)

Beschreibe kurz, wie der Taugenichts beim Auszug die Welt erlebt, und stelle dar, wie diese Beschreibung mit seiner inneren Einstellung übereinstimmt.

Stefan Schäfer: Kompetenztests Deutsch 9/10
© Auer Verlag – AAP Lehrerfachverlage GmbH, Donauwörth

K₃ Aufgabe 3 (☆☆)

Was kannst du aus diesem kurzen Textausschnitt über den Charakter des Taugenichts erschließen? Begründe deine Meinung.

_____

_____

_____

_____

K₄ Aufgabe 4 (☆☆☆)

Der Textausschnitt thematisiert das übergeordnete Motiv des Aufbruchs bzw. Neuanfangs. Zwei weitere (untergeordnete) Motive im Text entsprechen dem Zentralmotiv des Neuanfangs. Nenne diese beiden Motive und begründe kurz deine Wahl.

_____

_____

_____

_____

K₅ Aufgabe 5 (☆☆)

Lies das Gedicht „Einsamkeit" von Andreas Gryphius und beschreibe kurz die Situation, in der sich der Sprecher des Gedichtes befindet.

Andreas Gryphius: Einsamkeit

In dieser Einsamkeit der mehr denn öden Wüsten,
Gestreckt auf wildes Kraut, an die bemooste See,
Beschau ich jenes Tal und dieser Felsen Höh,
Auf welchen Eulen nur und stille Vögel nisten.

5 Hier, fern von dem Palast, weit von den Pöbels Lüsten,
Betracht ich, wie der Mensch in Eitelkeit vergeh,
Wie auf nicht festem Grund all unser Hoffen steh,
Wie die vor Abend schmähn, die vor dem Tag uns grüßten.

Die Höhl, der raue Wald, der Totenkopf, der Stein,
10 Den auch die Zeit auffrisst, die abgezehrten Bein
Entwerfen in dem Mut unzählige Gedanken.
Der Mauern alter Graus, dies ungebaute Land
Ist schön und fruchtbar mir, der eigentlich erkannt,
Dass alles, ohn ein Geist, den Gott selbst hält, muss wanken.

¹ hier im Sinne von „Gemüt"

Notizen:

_____

_____

_____

_____

_____

_____

_____

_____

_____

_____

_____

_____

_____

Situation des Sprechers (lyrische Situation): _____

_____

_____

_____

K6 **Aufgabe 6** (☆☆)

Untersuche das Gedicht auf Gegensätze (begriffliche Gegensatzpaare) hin. Du kannst im Gedichttext Markierungen vornehmen. Schreibe deine Untersuchungsergebnisse stichwortartig neben das Gedicht.

K7 **Aufgabe 7** (☆☆☆)

Das Gedicht „Einsamkeit" bildet eine Entwicklung ab, die das lyrische Ich durchläuft. Zeichne diese Entwicklung strophenweise nach. Achte dabei vor allem auf die Verben im Text. Halte deine Ergebnisse stichwortartig fest.

K8 **Aufgabe 8** (☆)

Kreuze an, welche Merkmale eines Sonetts das Gedicht „Einsamkeit" aufweist.

	Merkmale eines Sonetts im Gedicht „Einsamkeit"	richtig	falsch
a)	Gedicht besteht aus zwei vierzeiligen und zwei dreizeiligen Strophen		
b)	Gedicht drückt eine Entwicklung aus		
c)	Gedicht drückt Gegensätze aus		
d)	Quartette folgen dem Reimschema abab/abab bzw. abba/abba		
e)	Terzette folgen dem Reimschema cdc/dcd bzw. cde/cde		

K9 **Aufgabe 9** (☆☆)

Lies das Gedicht „Einsamkeit" noch einmal. Formuliere eine Deutungshypothese zu dem Gedicht. Berücksichtige deine Vorarbeiten.

K10 **Aufgabe 10** (☆☆)

Lies den folgenden Auszug aus der Exposition des Trauerspiels „Emilia Galotti". Untersuche, welcher mögliche Konflikt hier angedeutet wird. Fasse deine Überlegung kurz zusammen und begründe sie.

Gotthold Ephraim Lessing: Emilia Galotti

ERSTER AUFZUG.

Die Szene: ein Kabinett des Prinzen.

    Erster Auftritt.   **DER PRINZ,** *an einem Arbeitstische, voller Briefschaften und Papiere, deren einige er durchläuft.*

5   Klagen, nichts als Klagen! Bittschriften, nichts als Bittschriften! – Die traurigen Geschäfte; und man beneidet uns noch! – Das glaub ich; wenn wir allen helfen könnten: dann wären wir zu beneiden. – Emilia? *(Indem er noch eine von den Bittschriften aufschlägt, und nach dem unterschriebenen Namen sieht.)* Eine Emilia? – Aber

Stefan Schäfer: Kompetenztests Deutsch 9/10
© Auer Verlag – AAP Lehrerfachverlage GmbH, Donauwörth

eine Emilia Bruneschi – nicht Galotti. Nicht Emilia Galotti! – Was will sie, diese Emila Bruneschi? *(Er lieset.)* Viel gefordert; sehr viel. – Doch sie heißt Emilia. Gewährt! *(Er unterschreibt und klingelt; worauf ein Kammer-*
10 *diener hereintritt.)* Es ist wohl keiner von den Räten in dem Vorzimmer?

DER KAMMERDIENER. Nein.

DER PRINZ. Ich habe zu früh Tag gemacht. – Der Morgen ist so schön. Ich will ausfahren. Marchese Marinelli soll mich begleiten. Lasst ihn rufen. *(Der Kammerdiener geht ab.)* – Ich kann doch nicht mehr arbeiten. – Ich war so ruhig, bild ich mir ein, so ruhig. – Auf einmal muss eine arme Bruneschi, Emilia heißen: – weg ist meine
15 Ruhe, und alles! –

DER KAMMERDIENER *(welcher wieder hereintritt).* Nach dem Marchese ist geschickt. Und hier, ein Brief von der Gräfin Orsina.

DER PRINZ. Der Orsina? Legt ihn hin.

DER KAMMERDIENER. Ihr Läufer wartet.

20 **DER PRINZ.** Ich will die Antwort senden; wenn es einer bedarf. – Wo ist sie? In der Stadt? oder auf ihrer Villa?

DER KAMMERDIENER. Sie ist gestern in die Stadt gekommen.

DER PRINZ. Desto schlimmer – besser, wollt ich sagen. So braucht der Läufer umso weniger zu warten. *(Der Kammerdiener geht ab.)* Meine teure Gräfin! *(Bitter, indem er den Brief in die Hand nimmt.)* So gut, als gele-sen! *(Und ihn wieder wegwirft.)* – Nun ja; ich habe sie zu lieben geglaubt! Was glaubt man nicht alles? Kann
25 sein, ich habe sie auch wirklich geliebt. Aber – ich habe!

[…]

_____

_____

_____

_____

K₃ Aufgabe 11 (✫)

Lies noch einmal gründlich den Auszug aus „Emilia Galotti". Was erfährst du über die Figur des Prinzen? Notiere in Stichworten.

a) äußeres Erscheinungsbild, Verhalten: _____

_____

_____

b) Lebensumstände: _____

_____

_____

c) Beziehung zu den anderen Figuren: _____

_____

_____

_____

d) Charakter, innere Einstellung: _____

_____

_____

_____

Kompetenztest 1

Friedrich Schiller: Wilhelm Tell

Hohes Felsenufer des Vierwaldstättensees, Schwyz gegenüber

Der See macht eine Bucht ins Land, eine Hütte ist unweit dem Ufer, Fischerknabe fährt sich in einem Kahn. Über den See hinweg sieht man die grünen Matten, Dörfer und Höfe von Schwyz im hellen Son-
nenschein liegen. Zur Linken des Zuschauers zeigen sich die Spitzen des Haken, mit Wolken umgeben;
5 *zur Rechten im fernen Hintergrund sieht man die Eisgebirge. Noch ehe der Vorhang aufgeht, hört man*
den Kuhreihen und das harmonische Geläut der Herdenglocken, welches sich auch bei eröffneter Szene
noch eine Zeit lang fortsetzt.

[…]

(Die Landschaft verändert sich, man hört ein dumpfes Krachen von den Bergen, Schatten von Wolken
laufen über die Gegend.)
10 *(Ruodi, der Fischer kommt aus der Hütte. Werni, der Jäger steigt vom Felsen. Kuoni, der Hirte kommt,*
mit dem Melknapf auf der Schulter. Seppi, seine Handbube, folgt ihm.)

[…]

RUODI *(zum Hirten).* Treibt Ihr jetzt heim?
KUONI.   Die Alp ist abgeweidet.
WERNI. Glückselge Heimkehr, Senn!
15 **KUONI.**   Die wünsch ich Euch,
    Von Eurer Fahrt kehrt sichs nicht immer wieder.
RUODI. Dort kommt ein Mann in voller Hast gelaufen.
WERNI. Ich kenn ihn, 's ist der Baumgart von Alzellen.
(Konrad Baumgarten atemlos hereinstürzend)
20 **BAUMGARTEN.** Um Gottes willen, Fährmann, Euren Kahn!
RUODI. Nun, nun, was gibts so eilig?
BAUMGARTEN.   Bindet los!
    Ihr rettet mich vom Tode! Setzt mich über!
KUONI. Landsmann, was habt Ihr?
25 **WERNI.**   Wer verfolgt Euch denn?
BAUMGARTEN *(zum Fischer).*
    Eilt, eilt, sie sind mir dicht schon an den Fersen!
    Des Landvogts Reiter kommen hinter mir,
    Ich bin ein Mann des Tods, wenn sie mich greifen.
30 **RUODI.** Warum verfolgen Euch die Reisigen?
BAUMGARTEN. Erst rettet mich, und dann steh ich Euch Rede.
WERNI. Ihr seid mit Blut befleckt, was hats gegeben?
BAUMGARTEN. Des Kaisers Burgvogt, der auf Rossberg saß –
KUONI. Der Wolfenschießen? Lässt Euch d e r verfolgen?
35 **BAUMGARTEN.** D e r schadet nicht mehr, ich hab ihn erschlagen.
ALLE *(fahren zurück).*
    Gott sei Euch gnädig! Was habt Ihr getan?
BAUMGARTEN. Was jeder freie Mann an meinem Platz!
    Mein gutes Hausrecht hab ich ausgeübt
40   Am Schänder meiner Ehr und meines Weibes.
KUONI. Hat Euch der Burgvogt an der Ehr geschädigt?
BAUMGARTEN. Dass er sein bös Gelüsten nicht vollbracht,
    Hat Gott und meine gute Axt verhütet.
WERNI. Ihr habt ihm mit der Axt den Kopf zerspalten?
45 **KUONI.** O, lass uns alles hören, Ihr habt Zeit,
    Bis er den Kahn vom Ufer losgebunden.
BAUMGARTEN. Ich hatte Holz gefällt im Wald, da kommt
    Mein Weib gelaufen in der Angst des Todes.

Stefan Schäfer: Kompetenztests Deutsch 9/10
© Auer Verlag – AAP Lehrerfachverlage GmbH, Donauwörth

„Der Burgvogt liegt in meinem Haus, er hab
50   Ihr anbefohlen, ihm ein Bad zu rüsten.
Drauf hab er Ungebührliches von ihr
Verlangt, sie sei entsprungen mich zu suchen."
Da lief ich frisch hinzu, so wie ich war,
Und mit der Axt hab ich ihm 's Bad gesegnet.
55   **WERNI.** Ihr tatet wohl, kein Mensch kann Euch drum schelten.
KUONI. Der Wüterich! Der hat nun seinen Lohn!
Hats lang verdient ums Volk von Unterwalden.
BAUMGARTEN. Die Tat ward ruchbar, mir wird nachgesetzt –
Indem wir sprechen – Gott – verrinnt die Zeit –
60   *(Es fängt an zu donnern.)*
KUONI. Frisch, Fährmann – schaff den Biedermann hinüber.
RUODI. Geht nicht. Ein schweres Ungewitter ist
Im Anzug. Ihr müsst warten.
BAUMGARTEN.   Heilger Gott!
65   Ich kann nicht warten. Jeder Aufschub tötet –
[…]
KUONI. Seht, wer da kommt!
WERNI.   Es ist der Tell aus Bürglen.
(Tell mit der Armbrust.)
TELL. Wer ist der Mann, der hier um Hülfe fleht?
70   **KUONI.** 's ist ein Alzeller Mann, er hat sein Ehr
Verteidigt und den Wolfenschieß erschlagen,
Des Königs Burgvogt, der auf Rossberg saß –
Des Landvogts Reiter sind ihm auf den Fersen,
Er fleht den Schiffer um die Überfahrt,
75   Der fürcht't sich vor dem Sturm und will nicht fahren.
RUODI. Da ist der Tell, er führt das Ruder auch,
Der soll mirs zeugen, ob die Fahrt zu wagen.
TELL. Wo's Not tut, Fährmann, lässt sich alles wagen.
(Heftige Donnerschläge, der See rauscht auf.)
80   **RUODI.** Ich soll mich in den Höllenrachen stürzen?
Das täte keiner, der bei Sinnen ist.
TELL. Der brave Mann denkt an sich selbst zuletzt,
Vertrau auf Gott und rette den Bedrängten.
RUODI. Vom sichern Port lässt sichs gemächlich raten,
85   Da ist der Kahn und dort der See! Versuchts!
TELL. Der See kann sich, der Landvogt nicht erbarmen,
Versuch es, Fährmann!
HIRTEN UND JÄGER.   Rett ihn! Rett ihn! Rett ihn!
[…]
TELL. In Gottes Namen denn! Gib her den Kahn,
90   Ich wills mit meiner schwachen Kraft versuchen.
KUONI. Ha, wackrer Tell!
WERNI.   Das gleicht dem Weidgesellen!
BAUMGARTEN. Mein Retter seid Ihr und mein Engel, Tell!
TELL. Wohl aus des Vogts Gewalt errett ich Euch,
95   Aus Sturmes Nöten muss ein andrer helfen.
Doch besser ists, Ihr fallt in Gottes Hand,
Als in der Menschen! *(Zu dem Hirten)* Landsmann, tröstet Ihr
Mein Weib, wenn mir was Menschliches begegnet,
Ich hab getan, was ich nicht lassen konnte.
100 *(Er springt in den Kahn.)*
[…]
SEPPI. Des Landvogts Reiter kommen angesprengt.
KUONI. Weiß Gott, sie sinds! Das war Hülf in der Not.
(Ein Trupp landenbergischer Reiter)

Stefan Schäfer: Kompetenztests Deutsch 9/10
© Auer Verlag – AAP Lehrerfachverlage GmbH, Donauwörth

ERSTER REITER. Den Mörder gebt heraus, den ihr verborgen.
105 ZWEITER. D e s Wegs kam er, umsonst verhehlt ihr ihn.
KUONI UND RUODI. Wen meint ihr, Reiter?
ERSTER REITER *(entdeckt den Nachen).* Ha, was seh ich! Teufel!
WERNI *(oben).*
    Ists der im Nachen, den ihr sucht? – Reit zu,
110   Wenn ihr frisch beilegt, holt ihr ihn noch ein.
ZWEITER. Verwünscht! Er ist entwischt.
ERSTER *(zum Hirten und Fischer).* Ihr habt ihm fortgeholfen,
    Ihr sollt uns büßen – Fallt in ihre Herde!
    Die Hütte reißet ein, brennt und schlagt nieder! *(Eilen fort)*
115 SEPPI *(stürzt nach).* O meine Lämmer!
KUONI *(folgt).* Weh mir! Meine Herde!
WERNI. Die Wütriche!
RUODI *(ringt die Hände).* Gerechtigkeit des Himmels,
    Wann wird der Retter kommen diesem Lande?
120 *(Folgt ihnen)*

Aufgabe 1

Lies den obigen Auszug aus dem Drama „Wilhelm Tell". Kreuze anschließend an, welche Aussagen über den Text zutreffen und welche nicht.

	Aussagen über den Text „Wilhelm Tell"	richtig	falsch
a)	Konrad Baumgarten wird vom kaiserlichen Burgvogt Wolfenschießen verfolgt.		
b)	Der Jäger Werni erkennt, dass etwas Schlimmes geschehen sein muss, da Baumgartens Kleider blutbefleckt sind.		
c)	Baumgarten hat Zeit zu erzählen, was genau vorgefallen ist, da der Fischer Ruodi den Kahn noch losbinden muss.		
d)	Der Jäger Werni und der Hirte Kuoni machen Baumgarten wegen des Vorgefallenen ernsthafte Vorwürfe.		
e)	Der Fischer Ruodi weigert sich, Baumgarten mit seinem Schiff über den See zu setzen, da ein schweres Unwetter droht.		
f)	Wilhelm Tell erklärt sich nach einem Gespräch mit Ruodi schließlich dazu bereit, Baumgarten auf seiner Flucht zu helfen.		
g)	Aus Wut, Baumgarten nun nicht mehr fangen zu können, töten die Verfolger Baumgartens den Fischer Ruodi.		

Aufgabe 2

Benenne die Konflikte, um die es in der Szene geht.

a) zwischen Baumgarten und Wolfenschießen: _____

_____

_____

_____

Stefan Schäfer: Kompetenztests Deutsch 9/10
© Auer Verlag – AAP Lehrerfachverlage GmbH, Donauwörth

b) zwischen Tell und Ruodi: _____

_____

_____

c) zwischen der Bevölkerung und den Machthabern: _____

_____

_____

_____

_____

Aufgabe 3

Begründe, welchem Teil eines klassischen Dramas (nach dem Fünf-Akt-Schema) du den Dramentextauszug zuordnen würdest.

_____

_____

_____

_____

⬇ Aufgabe 4

Bearbeite die folgenden Teilaufgaben zu Grammatik und Rechtschreibung.

a) Kreuze an, ob es sich bei dem Nebensatz um einen Subjekt- oder einen Objektsatz handelt.

„Dass er sein bös Gelüsten nicht vollbracht, / Hat Gott und meine gute Axt verhütet." (Z. 42 f.)

☐ Subjektsatz ☐ Objektsatz

b) Kreuze an, um welche Art von Adverbialsatz es sich bei dem Nebensatz handelt.

„O, lass uns alles hören, Ihr habt Zeit, / Bis er den Kahn vom Ufer losgebunden." (Z. 45 f.)

☐ Kausalsatz ☐ Temporalsatz ☐ Konditionalsatz ☐ Finalsatz

☐ Modalsatz ☐ Instrumentalsatz ☐ Konzessivsatz

c) Nenne den Grund, weshalb das Komma in dem folgenden Satz gesetzt wurde.

„Er fleht den Schiffer um die Überfahrt, / Der fürcht't sich vor dem Sturm und will nicht fahren." (Z. 74 f.)

_____

_____

Aufgabe 5

Markiere im folgenden Auszug in den Äußerungen von Ruodi, Kuoni, Werni und Baumgarten die Wörter bzw. Ausdrücke, die Tell direkt charakterisieren, d. h. Auskunft über die Figur (Alter, Lebensumstände usw.) sowie den Charakter geben.

> **RUODI.** Da ist der Tell, er führt das Ruder auch,
> Der soll mirs zeugen, ob die Fahrt zu wagen.
> **TELL.** Wo's Not tut, Fährmann, lässt sich alles wagen.
> *(Heftige Donnerschläge, der See rauscht auf.)*
> 5 **RUODI.** Ich soll mich in den Höllenrachen stürzen?
> Das täte keiner, der bei Sinnen ist.
> **TELL.** Der brave Mann denkt an sich selbst zuletzt,
> Vertrau auf Gott und rette den Bedrängten.
> **RUODI.** Vom sichern Port lässt sichs gemächlich raten,
> 10 Da ist der Kahn und dort der See! Versuchts!
> **TELL.** Der See kann sich, der Landvogt nicht erbarmen,
> Versuch es, Fährmann!
> **HIRTEN UND JÄGER.**   Rett ihn! Rett ihn! Rett ihn!
> [...]
> **TELL.** In Gottes Namen denn! Gib her den Kahn,
> 15 Ich wills mit meiner schwachen Kraft versuchen.
> **KUONI.** Ha, wackrer Tell!
> **WERNI.**   Das gleicht dem Weidgesellen!
> **BAUMGARTEN.** Mein Retter seid Ihr und mein Engel, Tell!
> **TELL.** Wohl aus des Vogts Gewalt errett ich Euch,
> 20 Aus Sturmes Nöten muss ein andrer helfen.
> Doch besser ists, Ihr fallt in Gottes Hand,
> Als in der Menschen! *(Zu dem Hirten)* Landsmann, tröstet Ihr
> Mein Weib, wenn mir was Menschliches begegnet,
> Ich hab getan, was ich nicht lassen konnte.
> 25 *(Er springt in den Kahn.)*
> [...]

Aufgabe 6

Lies noch einmal die Regieanweisung zum Szenenauftakt und erläutere, inwieweit der Handlungsraum hier symbolisch zu verstehen ist.

_____

_____

_____

_____

_____

_____

_____

Stefan Schäfer: Kompetenztests Deutsch 9/10
© Auer Verlag – AAP Lehrerfachverlage GmbH, Donauwörth

Checkliste

Kompetenzen:

Nr.	Ich kann ...	Aufgaben	– –	–	0	+	+ +
K₁	einen literarischen Text aus veränderter Erzählperspektive wiedergeben.	1, 2, 5, 8, 9					
K₂	Erzählerkommentare und indirekte Reden erkennen.	2					
K₃	Gedankenwiedergaben in einem literarischen Text erkennen.	3					
K₄	zentrale Aussagen eines Textes zusammenfassen.	4					
K₅	innere Monologe aus Sicht einer literarischen Figur verfassen.	6					
K₆	einen literarischen Text aspekteorientiert untersuchen.	7					
K₇	eine produktive Schreibaufgabe (Figurendialog verfassen) mit Hilfestellungen bearbeiten.	8					
K₈	selbstständig eine produktive Schreibaufgabe (Paralleltext verfassen) bearbeiten.	9					

Stefan Schäfer: Kompetenztests Deutsch 9/10
© Auer Verlag – AAP Lehrerfachverlage GmbH, Donauwörth

Kompetenzdarstellung

Um dir einen Text besser zu erschließen, kannst du ihn produktiv bearbeiten. In diesem Fall experimentierst du gewissermaßen mit dem Text.

Das produktive Schreiben kann aber auch in Prüfungen von dir verlangt werden. Durch deine Bearbeitung des Textes sollst du zeigen, dass du den Text richtig verstanden hast (z. B. das Verhalten von bestimmten Figuren oder die Erzähltechnik des Textes).

Meist wird beim produktiven Schreiben ein **Wechsel der Erzählform** und – in der Regel damit verbunden – ein **Wechsel des Erzählverhaltens** verlangt, also zum Beispiel vom auktorialen Er-Erzähler im Ausgangstext zum personalen Ich-Erzähler in der Bearbeitung:

Ausgangstext (auktoriale Er-Erzählung)
In Falun in Schweden küsste vor guten fünfzig Jahren und mehr ein junger Bergmann seine junge hübsche Braut und sagte zu ihr: „Auf Sankt Luciä wird unsere Liebe von des Priesters Hand gesegnet. Dann sind wir Mann und Weib, und bauen uns ein eigenes Nestlein."

Bearbeitung (personale Ich-Erzählung aus Sicht der Braut)
Vor mehr als fünfzig Jahren – ich war damals noch eine junge, hübsche Frau – hatte mich mein Verlobter, ein junger Bergmann, in Falun geküsst und zu mir gesagt: „Auf Sankt Luciä wird unsere Liebe von des Priesters Hand gesegnet. Dann sind wir Mann und Weib, und bauen uns ein eigenes Nestlein."

 Bei produktiven Schreibaufgaben musst du dich – wenn nicht in der Aufgabenstellung ausdrücklich gefordert – sprachlich und stilistisch am Ausgangstext orientieren (also nicht: *Die ganze Story ist jetzt schon über 50 Jahre her. Ich hab' damals voll gut ausgesehen und hatte auch einen echt coolen Verlobten. …*).

Wichtige Formen des produktiven Schreibens:

- **Innerer Monolog einer Figur:** Du schreibst auf, was einer Figur in einer bestimmten Situation durch den Kopf gehen könnte. Innere Monologe werden stets aus der Ich-Perspektive geschrieben. Sie stehen im Präsens und können sich an die Alltagssprache anlehnen.
  Beispiel: *Ach, da hinten kann ich ja schon meinen Bräutigam in seiner schwarzen Bergmannskleidung sehen. Wirklich nett von ihm, dass er jeden Morgen vor der Arbeit kommt, um mich zu küssen. Ob er mich auch so liebt wie ich ihn? Oh, wenn doch nur schon Sonntag in einer Woche wäre. Ich freue mich so sehr auf die Hochzeit. Jetzt ist er ja schon fast da. Ich winke ihm mal!*

- **Figurenbrief:** Du schreibst aus der Sicht einer Figur (Ich-Perspektive) an eine unbekannte oder eine andere Figur aus dem Text. Anders als beim inneren Monolog hat die Figur eine größere Distanz zum Geschehen und kann es auch vom Ende her bewerten. Beim Figurenbrief musst du – wie in einem richtigen Brief auch – oben rechts Ort und Datum angeben, eine passende Anrede sowie einen passenden Schlussgruß finden und im Namen der Figur unterschreiben.

- **Tagebucheintrag:** Der Tagebucheintrag ist eine Mischung aus Figurenbrief und innerem Monolog: Einerseits hat die Figur eine größere Distanz zum Geschehen als im inneren Monolog, andererseits kann sie ihre Gedanken und Gefühle schildern, ohne (wie beim Figurenbrief) auf andere Figuren Rücksicht nehmen zu müssen. Du kannst bei einem Tagebucheintrag dein Tagebuch direkt ansprechen (z. B. „Liebes Tagebuch") oder ihm einen Namen geben. In jedem Fall solltest du das Schreibdatum eintragen.

- **Texte weitererzählen:** Du erzählst, was sich nach dem im Text(-ausschnitt) geschilderten Geschehen weiter ereignen könnte. Wichtig ist hierbei, dass du dich an den Textvorgaben orientierst, d. h. den Charakter der Figuren beibehältst und dich sprachlich an der Vorlage orientierst.

- **Neues Ende schreiben:** Ab einem bestimmtem Punkt des Textes (der dir in Prüfungen vorgegeben wird) schreibst du die Geschichte neu. Wie beim Weitererzählen eines Textes ist es auch hier wichtig, dass du dich an den Textvorgaben orientierst.

- **Figurendialog:** Du gestaltest ein Gespräch zwischen mindestens zwei Figuren eines Textes. Wichtig ist hierbei, dass du den Charakter der Figuren und ihre Handlungsabsichten genau erfasst.

Stefan Schäfer: Kompetenztests Deutsch 9/10
© Auer Verlag – AAP Lehrerfachverlage GmbH, Donauwörth

- **Paralleltext:** Du schreibst zu einem vorliegenden Text einen zweiten, ganz ähnlichen Text, der sich nur – vorgegeben in der Aufgabenstellung – in ein oder zwei wesentlichen Merkmalen von der Vorlage unterscheidet (z. B. Figur X ist nicht mehr gut, sondern böse, Handlung spielt nicht im Winter, sondern im Sommer). Ansonsten werden alle übrigen Gestaltungselemente (Aufbau, Sprache, Motive usw.) übernommen.

Arbeitsschritte beim Schreiben eines produktiven Textes:

Schritt 1:	• Aufgabenstellung erfassen (Wie viele Teilaspekte umfasst die Aufgabenstellung? Was genau ist jeweils gefordert? Gibt die Aufgabenstellung Hinweise auf die Textinterpretation?)
	• erstes Textverständnis formulieren (Gedanken zum Titel, Thema, Wirkung usw. des Textes)
Schritt 2:	• Text aspekteorientiert untersuchen (z. B. Handlungsverlauf, zentrale Motive, Figuren und ihre Beziehung zueinander, Sprache)
Schritt 3:	• Gestaltungsideen entwickeln (Was ist in der Aufgabenstellung gefordert? Welche Ideen passen zum Ausgangstext? Was will ich mit meiner Textbearbeitung zeigen?)
Schritt 4:	• Schreibplan erstellen (Gestaltungsideen sortieren, Sprachstil festlegen, Sprechweise der Figuren bestimmen, …)
Schritt 5:	• Text verfassen
Schritt 6:	• Text überprüfen (v. a. Grammatik, Rechtschreibung, Stil-/Sprachebene, Erzählperspektive, Tempus) und ggf. überarbeiten

Stefan Schäfer: Kompetenztests Deutsch 9/10
© Auer Verlag – AAP Lehrerfachverlage GmbH, Donauwörth

Übungsteil

K₁ Aufgabe 1 (*)

Lies den folgenden Textauszug aus der Novelle „Die schwarze Spinne" von Jeremias Gotthelf und gib die angegebenen Stellen wie im Beispiel aus der Sicht Christines wieder.

Jeremias Gotthelf: Die schwarze Spinne

Der Ritter Hans von Stoffeln verlangt von den Bauern der Umgebung, dass sie innerhalb eines Monats eine Allee von 100 ausgewachsenen Buchen anlegen. Zu den verzweifelten Bauern kommt der Teufel in Gestalt eines Jägers mit grünem Anzug und bietet ihnen Hilfe an, wenn sie ihm im Gegenzug ein ungetauftes Kind überließen. Die Bauern fliehen.

Nur Christine, die Lindauerin, konnte nicht fliehen; <u>sie erfuhr es, wie man den Teufel leibhaftig kriegt, wenn man ihn an die Wand male.</u> Sie blieb stehen wie gebannt, musste schauen die rote Feder am Barett und wie das rote Bärtchen lustig auf- und niederging im schwarzen Gesichte. Gellend lachte der Grüne den Männern nach, aber gegen Christine machte er ein zärtlich Gesicht und fasste mit höflicher Gebärde ihre Hand. Christine woll-

5   te sie wegziehen, aber sie entrann dem Grünen nicht mehr; es war ihr, als zische Fleisch zwischen glühenden Zangen. Und schöne Worte begann er zu reden, und zu den Worten zwitzerte lüstern sein rot Bärtchen auf und ab. <u>So ein schön Weibchen habe er lange nicht gesehen, sagte er, das Herz lache ihm im Leibe; zudem habe er sie gerne mutig, und gerade die seien ihm die Liebsten, welche stehen bleiben dürften, wenn die Männer davonliefen.</u>

10   Wie er so redete, kam Christinen der Grüne immer weniger schreckhaft vor. Mit dem sei doch noch zu reden, dachte sie, und sie wüsste nicht, warum davonlaufen, sie hätte schon viel Wüstere gesehen. Der Gedanke kam ihr immer mehr: mit dem ließe sich etwas machen, und wenn man recht mit ihm zu reden wüsste, so täte er einem wohl einen Gefallen, oder am Ende könnte man ihn übertölpeln wie die andern Männer auch. Er wüsste gar nicht, fuhr der Grüne fort, warum man sich so vor ihm scheue; er meine es doch so gut mit allen Menschen, und wenn

15   man so grob gegen ihn sei, so müsse man sich nicht wundern, wenn er den Leuten nicht immer täte, was ihnen am liebsten wäre. Da fasste Christine ein Herz und antwortete: Er erschrecke aber die Leute auch, dass es schrecklich wäre. Warum habe er ein ungetauft Kind verlangt, er hätte doch von einem andern Lohn reden können, das komme den Leuten gar verdächtig vor; ein Kind sei immer ein Mensch, und ungetauft eins aus den Händen geben, das werde kein Christ tun. „Das ist mein Lohn, an den ich gewohnt bin, und um anderen fahre ich nicht, und was

20   frägt man doch so einem Kinde nach, das noch niemand kennt! So jung gibt man sie am liebsten weg, hat man doch noch keine Freude an ihnen gehabt und keine Mühe mit ihnen. Ich aber habe sie je jünger, je lieber; je früher ich ein Kind erziehen kann auf meine Manier, um so weiter bringe ich es, dazu habe ich aber das Taufen gar nicht nötig und will es nicht." Da sah Christine wohl, dass er mit keinem andern Lohn sich werde begnügen wollen; aber es wuchs in ihr immer mehr der Gedanke: das wäre doch der Einzige, der nicht zu betrügen wäre.

25   Darum sagte sie: Wenn aber einer etwas verdienen wolle, müsste er sich mit dem Lohne begnügen, den man ihm geben könne; sie aber hätten gegenwärtig in keinem Hause ein ungetauft Kind, und in Monatsfrist gebe es keins, und in dieser Zeit müssten die Buchen geliefert sein. Da schwänzelte gar höflich der Grüne und sagte: „Ich begehre das Kind ja nicht zum Voraus. Sobald man mir verspricht, das erste zu liefern ungetauft, welches geboren wird, so bin ich schon zufrieden." Das gefiel Christine gar wohl. Sie wusste, dass es in geraumer Zeit kein Kind geben

30   werde in ihrer Herren Gebiet. Wenn nun einmal der Grüne sein Versprechen gehalten und die Buchen gepflanzt seien, so brauche man ihm gar nichts mehr zu geben, weder ein Kind noch was anderes, man lasse Messen lesen zu Schutz und Trutz und lache tapfer den Grünen aus, so dachte Christine.

Beispiel: *„Nur Christine, die Lindauerin, konnte nicht fliehen;" (Z. 1)* ➔ *Nur ich konnte nicht fliehen.*

a) „Sie blieb stehen wie gebannt, musste schauen die rote Feder am Barett und wie das rote Bärtchen lustig auf- und niederging im schwarzen Gesichte." (Z. 2 f.)

Stefan Schäfer: Kompetenztests Deutsch 9/10
© Auer Verlag – AAP Lehrerfachverlage GmbH, Donauwörth

b) „Gellend lachte der Grüne den Männern nach, aber gegen Christine machte er ein zärtlich Gesicht und fasste mit höflicher Gebärde ihre Hand." (Z. 3 f.)

_____

_____

c) „Christine wollte sie wegziehen, aber sie entrann dem Grünen nicht mehr; es war ihr, als zische Fleisch zwischen glühenden Zangen." (Z. 4 f.)

_____

_____

(K₁) (K₂) **Aufgabe 2** (☆☆☆)

Lies noch einmal die im Text unterstrichenen Stellen. Begründe, warum sich diese Textstellen nicht ohne Weiteres aus der personalen Sicht Christines wiedergeben lassen.

a) Stelle 1: _____

b) Stelle 2: _____

(K₃) **Aufgabe 3** (☆☆)

Lies den Auszug noch einmal ab Z. 10 und markiere ab dort die Stellen, an denen Christines Gedanken bzw. Überlegungen wiedergegeben werden.

(K₄) **Aufgabe 4** (☆☆)

Fasse nun die wichtigsten Gedanken Christines in möglichst einem Satz zusammen. Schreibe von Christine in der dritten Person (also Christine = „sie").

_____

_____

_____

(K₁) **Aufgabe 5** (☆☆)

Schreibe nun die Gedanken Christines so auf, wie sie sie den Männern des Dorfes anschließend schildern könnte. Schreibe von Christine in der ersten Person (also Christine = „ich").

_____

_____

_____

_____

_____

_____

Produktives Schreiben

K₅ Aufgabe 6 (☆)

Formuliere in Form eines inneren Monologes, was Christine zu den angegeben Zeitpunkten jeweils durch den Kopf gegangen sein könnte. Arbeite in deinem Heft.

a) Z. 10–13: *So schrecklich ist der Grüne doch gar nicht. Vor dem muss man wirklich nicht davonlaufen, wie das die Männer getan haben! Nein, mit dem kann …*

b) Z. 29–33: Das …

K₆ Aufgabe 7 (☆☆)

Bearbeite die folgenden Teilaufgaben.

a) Lies noch einmal den Textauszug bis Z. 10 und mache dir klar, warum die Männer vor dem Grünen geflohen sind. Beachte hierbei auch den Erzählerkommentar. Halte deine Untersuchungsergebnisse schriftlich fest.

_____

_____

_____

_____

b) Untersuche den Textauszug unter dem Aspekt „Christine und ihr Verhältnis zu Männern". Notiere, wie die Männer des Dorfes Christines Abmachungen mit dem Teufel auch deuten könnten.

_____

_____

_____

_____

K₁ K₇ Aufgabe 8 (☆☆)

Verfasse nun auf Grundlage des Textauszuges aus „Die schwarze Spinne" ein Gespräch zwischen Christine und den Männern des Dorfes, wie es im Anschluss an die Begegnung Christines mit dem Grünen stattfinden könnte. Selbstverständlich kannst du auf deine bisherigen Arbeitsergebnisse zurückgreifen. Angaben, die dir fehlen (z. B. die Namen einzelner Männer) kannst du ergänzen. Arbeite in deinem Heft.

K₁ K₈ Aufgabe 9 (☆☆☆)

Verfasse einen Paralleltext zum vorliegenden Textauszug aus „Die schwarze Spinne" von Jeremias Gotthelf, in dem Christine nicht glaubt, den Teufel übertölpeln zu können, sondern sich vielmehr als ängstlich und gottesfürchtig erweist. Arbeite in deinem Heft.

Kompetenztest 2

Heinrich von Kleist: Das Erdbeben in Chili

In St. Jago, der Hauptstadt des Königreichs Chili, stand gerade in dem Augenblicke der großen Erderschütterung vom Jahre 1647, bei welcher viele tausend Menschen ihren Untergang fanden, ein junger, auf ein Verbrechen angeklagter Spanier, namens *Jeronimo Rugera*, an einem Pfeiler des Gefängnisses, in welches man ihn eingesperrt hatte, und wollte sich erhenken. *Don Henrico Asteron*, einer der

5 reichsten Edelleute der Stadt, hatte ihn ungefähr ein Jahr zuvor aus seinem Hause, wo er als Lehrer angestellt war, entfernt, weil er sich mit *Donna Josephe*, seiner einzigen Tochter, in einem zärtlichen Einverständnis befunden hatte. Eine geheime Bestellung, die dem alten Don, nachdem er die Tochter nachdrücklich gewarnt hatte, durch die hämische Aufmerksamkeit seines stolzen Sohnes verraten worden war, entrüstete ihn dergestalt, dass er sie in dem Karmeliterkloster unsrer lieben Frauen vom

10 Berge daselbst unterbrachte. Durch einen glücklichen Zufall hatte Jeronimo hier die Verbindung von Neuem anzuknüpfen gewusst, und in einer verschwiegenen Nacht den Klostergarten zum Schauplatze seines vollen Glückes gemacht. Es war am Fronleichnamsfeste, und die feierliche Prozession der Nonnen, welchen die Novizen folgten, nahm eben ihren Anfang, als die unglückliche Josephe, bei dem Anklange der Glocken, in Mutterwehen

15 auf den Stufen der Kathedrale niedersank. Dieser Vorfall machte außerordentliches Aufsehen; man brachte die junge Sünderin, ohne Rücksicht auf ihren Zustand, sogleich in ein Gefängnis, und kaum war sie aus den Wochen erstanden, als ihr schon, auf Befehl des Erzbischofs, der geschärfteste Prozess gemacht ward. Man sprach in der Stadt mit einer so großen Erbitterung von diesem Skandal, und die Zungen fielen so scharf über das ganze Kloster her,

20 in welchem er sich zugetragen hatte, dass weder die Fürbitte der Familie Asteron, noch auch sogar der Wunsch der Äbtissin selbst, welche das junge Mädchen wegen ihres sonst untadelhaften Betragens liebgewonnen hatte, die Strenge, mit welcher das klösterliche Gesetz sie bedrohte, mildern konnte. Alles, was geschehen konnte, war, dass der Feuertod, zu dem sie verurteilt wurde, zur großen Entrüstung der Matronen und Jungfrauen von St. Jago, durch einen Machtspruch des Vizekönigs, in eine Enthauptung

25 verwandelt ward. Man vermietete in den Straßen, durch welche der Hinrichtungszug gehen sollte, die Fenster, man trug die Dächer der Häuser ab, und die frommen Töchter der Stadt luden ihre Freundinnen ein, um dem Schauspiele, das der göttlichen Rache gegeben wurde, an ihrer schwesterlichen Seite beizuwohnen. Jeronimo, der inzwischen auch in ein Gefängnis gesetzt worden war, wollte die Besinnung verlieren,

30 als er diese ungeheure Wendung der Dinge erfuhr. Vergebens sann er auf Rettung: überall, wohin ihn auch der Fittich der vermessensten Gedanken trug, stieß er auf Riegel und Mauern, und ein Versuch, die Gitterfenster zu durchfeilen, zog ihm, da er entdeckt ward, eine nur noch engere Einsperrung zu. Er warf sich vor dem Bildnisse der heiligen Mutter Gottes nieder, und betete mit unendlicher Inbrunst zu ihr, als der einzigen, von der ihm jetzt noch Rettung kommen könnte.

35 Doch der gefürchtete Tag erschien, und mit ihm in seiner Brust die Überzeugung von der völligen Hoffnungslosigkeit seiner Lage. Die Glocken, welche Josephen zum Richtplatz begleiteten, ertönten, und Verzweiflung bemächtigte sich seiner Seele. Das Leben schien ihm verhasst, und er beschloss, sich durch einen Strick, den ihm der Zufall gelassen hatte, den Tod zu geben. Eben stand er, wie schon gesagt, an einem Wandpfeiler, und befestigte den Strick, der ihn dieser jammervollen Welt entreißen

40 sollte, an eine Eisenklammer, die an dem Gesimse derselben eingefugt war; als plötzlich der größte Teil der Stadt, mit einem Gekrache, als ob das Firmament einstürzte, versank, und alles, was Leben atmete, unter seinen Trümmern begrub. Jeronimo Rugera war starr vor Entsetzen; und gleich als ob sein ganzes Bewusstsein zerschmettert worden wäre, hielt er sich jetzt an dem Pfeiler, an welchem er hatte sterben wollen, um nicht umzufallen. Der Boden wankte unter seinen Füßen, alle Wände des Gefäng-

45 nisses rissen, der ganze Bau neigte sich, nach der Straße zu einzustürzen, und nur der, seinem langsamen Fall begegnende, Fall des gegenüberstehenden Gebäudes verhinderte, durch eine zufällige Wölbung, die gänzliche Zubodenstreckung desselben. Zitternd, mit sträubenden Haaren, und Knien, die unter ihm brechen wollten, glitt Jeronimo über den schiefgesenkten Fußboden hinweg, der Öffnung zu, die der Zusammenschlag beider Häuser in die vordere Wand des Gefängnisses eingerissen hatte.

Produktives Schreiben

Aufgabe 1

Bestimme Erzählform und Erzählverhalten des Textes.

Erzählform: _____ Erzählverhalten: _____

⬇ Aufgabe 2

Erkläre aus dem Text heraus, was die folgenden Ausdrücke sinngemäß bedeuten.

a) sich in einem zärtlichen Einverständnis befinden (vgl. Z. 6 f.) _____

_____

b) Zungen fallen scharf über etwas her (vgl. Z. 19) _____

_____

c) wohin der Fittich der Gedanken trägt (vgl. Z. 30 f.) _____

_____

⬇ Aufgabe 3

Welche Aussagen kommen sinngemäß im Text vor, welche nicht? Kreuze entsprechend an.

	Aussagen im Text „Das Erdbeben in Chili"	richtig	falsch
a)	St. Jago, die Hauptstadt des Königreichs Chili, wurde im Jahre 1647 von einem starken Erdbeben erschüttert.		
b)	Einen Tag nach dem Erdbeben hätte Donna Josephe, die Geliebte von Jeronimo Rugera, hingerichtet werden sollen.		
c)	Der Fall von Donna Josephe und Jeronimo Rugera erregte nicht zuletzt deshalb großes Aufsehen, weil die Mutterwehen ausgerechnet auf den Stufen einer Kathedrale einsetzen.		
d)	Donna Josephe sollte verbrannt werden, obwohl der Vizekönig mit all seiner Macht für eine Enthauptung eintrat.		
e)	In den Straßen, durch welche der Hinrichtungszug Donna Josephes gehen sollte, vermietete man die Fenster.		
f)	Jeronimo Rugera wollte zunächst aus dem Gefängnis ausbrechen und hatte sogar schon den Versuch unternommen, die Gitterfenster seines Kerkers zu durchfeilen.		
g)	Jeronimo Rugera hatte sich schon den Strick um seinen Hals gelegt, als das Erdbeben begann.		

⬇ Aufgabe 4

Unterstreiche in den folgenden Satzgefügen jeweils das Subjekt und das Prädikat des Hauptsatzes.

a) Eine geheime Bestellung, die dem alten Don, nachdem er die Tochter nachdrücklich gewarnt hatte, durch die hämische Aufmerksamkeit seines stolzen Sohnes verraten worden war, entrüstete ihn dergestalt, dass er sie in dem Karmeliterkloster unsrer lieben Frauen vom Berge daselbst unterbrachte. (Z. 7–10)

Stefan Schäfer: Kompetenztests Deutsch 9/10
© Auer Verlag – AAP Lehrerfachverlage GmbH, Donauwörth

b) Eben stand er, wie schon gesagt, an einem Wandpfeiler, und befestigte den Strick, der ihn dieser jammervollen Welt entreißen sollte, an eine Eisenklammer, die an dem Gesimse derselben eingefugt war; als plötzlich der größte Teil der Stadt, mit einem Gekrache, als ob das Firmament einstürzte, versank, und alles, was Leben atmete, unter seinen Trümmern begrub. (Z. 38–42)

c) Zitternd, mit sträubenden Haaren, und Knien, die unter ihm brechen wollten, glitt Jeronimo über den schiefgesenkten Fußboden hinweg, der Öffnung zu, die der Zusammenschlag beider Häuser in die vordere Wand des Gefängnisses eingerissen hatte. (Z. 47–49)

Aufgabe 5

Formuliere aus Sicht Jeronimo Rugeras einen kurzen Abschiedsbrief an Don Henrico Asteron, wie ihn Jeronimo vor seinem beabsichtigten Selbstmord hätte schreiben können. Arbeite in deinem Heft.

Aufgabe 6

Was könnte Jeronimo Rugeras durch den Kopf gehen, als er nach dem Erdbeben und seiner Rettung ins Freie gelangt? Schreibe aus seiner Sicht einen inneren Monolog.

Aufgabe 7

Erkläre, in welcher Situation sich Jeronimo befindet, als das Erdbeben einsetzt. Worin besteht die besondere Bedeutung des Stützpfeilers in Jeronimos Zelle?

Analytisch-interpretierendes Schreiben

Checkliste

Kompetenzen:

Nr.	Ich kann ...	Aufgaben	– –	–	0	+	+ +
K₁	zu einem literarischen Text mein erstes Textverständnis schriftlich formulieren.	1, 2					
K₂	zu einem literarischen Text eine Verstehenshypothese entwickeln und formulieren.	3					
K₃	den Inhalt eines literarischen Textes erfassen.	4					
K₄	den formalen Aufbau eines Gedichtes beschreiben.	5					
K₅	die Bild- und Motivstruktur eines literarischen Textes erfassen.	6					
K₆	zu einem literarischen Text eine Interpretationshypothese formulieren.	7					
K₇	einen Schreibplan zu einem Interpretationsaufsatz bewerten und überarbeiten.	8, 9					
K₈	einen Interpretationsaufsatz schreiben und überarbeiten.	10					

Stefan Schäfer: Kompetenztests Deutsch 9/10
© Auer Verlag – AAP Lehrerfachverlage GmbH, Donauwörth

Kompetenzdarstellung

Arbeitsschritte beim analytisch-interpretierenden Schreiben:

Schritt 1:
- Aufgabenstellung erfassen (Wie viele Teilaspekte umfasst die Aufgabenstellung? Was genau ist jeweils gefordert? Gibt die Aufgabenstellung Hinweise auf die Textinterpretation?)
- erstes Textverständnis formulieren (Gedanken zum Titel, Thema, Wirkung usw. des Textes)
- Verstehenshypothese notieren

Schritt 2:
- Text aspekteorientiert untersuchen (z. B. Handlungsverlauf, zentrale Motive, Figuren und ihre Beziehung zueinander, Sprache)
- ggf. textüberschreitende Aspekte einbeziehen, z. B. Biografie und Werk des Autors, Zeitbezug (Epochenkontext) usw.

Schritt 3:
- Fazit aus den Untersuchungsergebnissen ziehen und mit der Verstehenshypothese vergleichen (ggf. den Text erneut untersuchen und weitere Untersuchungsaspekte berücksichtigen)
- Interpretationshypothese formulieren

Schritt 4:
- Schreibplan erstellen (Ergebnisse ordnen, Argumentationsgang festlegen, ausführliche Notizen zu Einleitung, Hauptteil und Schluss anfertigen)

Schritt 5:
- Text verfassen (These entfalten, sachlich und präzise formulieren, Fachbegriffe verwenden, passende Zitate einbauen und korrekt nachweisen)

Schritt 6:
- Text überprüfen (v. a. Grammatik, Rechtschreibung, Stil-/Sprachebene, sachliche Richtigkeit, Aufbau) und ggf. überarbeiten

Deutungshypothesen (Verstehens- bzw. Interpretationshypothesen) zu entwickeln, ist nicht immer einfach. Hilfreich ist es oft,
- wenn man eine erste Bewertung der inhaltlichen Entfaltung im Text vornimmt (Wie stellt sich die Situation am Textanfang dar, wie am Schluss? Wie kommt es zu dieser Veränderung bzw. warum verändert sich nichts?).
- wenn man zentrale Motive entschlüsselt und/oder gliedert (Gibt es übergeordnete Motive? Welches Motiv übt die stärkste Wirkung aus?).
- wenn man den Titel des Textes (falls vorhanden) auf den Text selbst bezieht.

Sinnvolle **Erschließungsaspekte** für eine aspekteorientierte Untersuchung können sich ergeben aus:
- Anknüpfungspunkten zur Aufgabenstellung
- Eindrücken vom Text (der Verstehenshypothese)
- auffälligen Textmerkmalen (Bildlichkeit, Motivstruktur, rhetorische Figuren, …)
- Bezügen zur Epoche, zur Autorenbiografie, zur Gegenwart des heutigen Lesers

Unter einem **Motiv** versteht man zentrale Elemente eines Stoffes, die bei der künstlerischen Gestaltung wiederholt aufgegriffen werden und für die Bedeutung eines Textes wichtig sind. Motive können z. B. Handlungssituationen (Abschied, …), Figurenkonstellationen (eifersüchtiger Ehemann, …), zentrale Beweggründe für das Handeln der Figuren (Gier, …), aber auch Gegenstände (das rote Halstuch, …) oder Vorgänge (Sturm, …) u. a. sein.

Achte bei der Untersuchung der Motivstruktur eines Textes auf:
- den Titel und zentrale Schüsselwörter
- das Thema eines Textes
- Wiederholungen und semantische Ähnlichkeiten (z. B. *Blut* und *rot*, …)

Tipps zum Schreiben eines Interpretationsaufsatzes:

Hinweise zur Gestaltung der Einleitung

Eine Einleitung sollte bestimmte Informationen (Autor, Titel, Textsorte, Thema) enthalten. Falls du – wie viele andere auch – Angst vor dem „weißen Blatt" hast, präge dir eine Standardformulierung ein (z. B. „In der Kurzgeschichte/dem Gedicht / … schildert/erzählt … wie/dass …"). Wenn du so schon etwas auf das Papier gebracht hast, kannst du dir später ggf. immer noch eine Einleitung überlegen.
Vor dem Schreiben der Einleitung solltest du dir darüber im Klaren sein, wie du den Schluss gestalten willst. Achte in jedem Fall darauf, dass es zwischen Einleitung und Schluss einen roten Faden gibt.

Stefan Schäfer: Kompetenztests Deutsch 9/10
© Auer Verlag – AAP Lehrerfachverlage GmbH, Donauwörth

Hinweise zur Gestaltung der Textübergänge

Versuche, ein schematisches Abarbeiten einzelner Untersuchungsaspekte zu vermeiden und stattdessen flüssige Übergänge zwischen den Textteilen zu gestalten. Du kannst …

- aus deiner bisherigen Darstellung Fragen ableiten (typische Formulierungen: „Aus dem Gesagten ergibt sich die Frage, ob/wie …", „Eine wichtige Frage ist dann/zudem/außerdem/auch, ob/wie/warum …"), die du dann im nachfolgenden Textteil aufgreifst bzw. beantwortest.
- wichtige Inhalte und/oder Begriffe im nachfolgenden Textteil wieder aufgreifen und diese in einem anderen (übergeordneten) Zusammenhang beleuchten (typische Formulierung: „Auch hier wird wieder deutlich/klar/verständlich, wie/dass …").

Hinweise zur Gestaltung des Schlusses

Der Schluss deines Interpretationsaufsatzes ist nicht weniger wichtig als die Einleitung. Einen prägnanten Schluss kannst du folgendermaßen gestalten:

- Du ziehst ein Fazit deiner Untersuchung (Analyse), indem du das bzw. die für dich wichtigsten Untersuchungsergebnisse herausgreifst und deren Bedeutung für die Deutung des Textes unterstreichst.
- Wenn du im ersten Teil deiner Arbeit (in der Einleitung bzw. zu Beginn des Hauptteils) mit einer Verstehenshypothese gearbeitet hast, kannst du im Schlussteil darauf zurückgreifen und diese überprüfen: Du kannst deine These bestätigen, widerlegen oder verändern (jeweils mit Begründung).
- Du entwickelst ein Urteil (z. B. zum Inhalt oder der sprachlichen Gestaltung) des Textes. Das solltest du aber nur tun, wenn du dein Urteil auch gut begründen kannst.
- Du fragst nach der Bedeutung des Textes für dich selbst, die Menschen deiner Generation bzw. allgemein für die Gegenwart.

Stefan Schäfer: Kompetenztests Deutsch 9/10
© Auer Verlag – AAP Lehrerfachverlage GmbH, Donauwörth

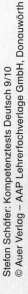

Übungsteil

Clemens Brentano: Der Spinnerin Nachtlied   Notizen:

Es sang vor langen Jahren
Wohl auch die Nachtigall;
Das war wohl süßer Schall,
Da wir zusammen waren.

5   Ich sing und kann nicht weinen
Und spinne so allein
Den Faden klar und rein,
Solang der Mond wird scheinen.

Als wir zusammen waren,
10 Da sang die Nachtigall;
Nun mahnet mich ihr Schall,
Dass du von mit gefahren.

Sooft der Mond mag scheinen,
Denk ich wohl dein allein;
15 Mein Herz ist klar und rein,
Gott wolle uns vereinen.

Seit du von mir gefahren,
Singt stets die Nachtigall;
Ich denk bei ihrem Schall,
20 Wie wir zusammen waren.

Gott wolle uns vereinen
Hier spinn ich so allein,
Der Mond scheint klar und rein,
Ich sing und möchte weinen!

K₁ Aufgabe 1 (*)

Lies das Gedicht „Der Spinnerin Nachtlied" von Clemens Brentano und halte deine ersten Eindrücke stichwortartig fest.

K₁ Aufgabe 2 (*)

Formuliere möglichst knapp, worum es in dem Gedicht „Der Spinnerin Nachtlied" geht.

Stefan Schäfer: Kompetenztests Deutsch 9/10
© Auer Verlag – AAP Lehrerfachverlage GmbH, Donauwörth

K₂ Aufgabe 3 (☆☆)

Lies das Gedicht „Der Spinnerin Nachtlied" noch einmal und formuliere dann eine erste Verstehenshypothese.

_____

_____

_____

_____

K₃ Aufgabe 4 (☆☆)

Untersuche strophenweise den Inhalt des Gedichtes „Der Spinnerin Nachtlied" und vergleiche den Gedichtanfang mit dem Gedichtende. Beschreibe anschließend die Situation des lyrischen Ich (der Sprecherin im Gedicht).

a) Gedichtanfang: _____

_____

_____

_____

b) Gedichtende: _____

_____

_____

_____

c) Situation des lyrischen Ich: _____

_____

_____

_____

K₄ Aufgabe 5 (☆☆)

Beschreibe den formalen Aufbau des Gedichtes „Der Spinnerin Nachtlied". Nutze die Möglichkeit, dir neben dem Gedicht Notizen zu machen.

a) Metrum/Rhythmus: _____

_____

_____

Stefan Schäfer: Kompetenztests Deutsch 9/10
© Auer Verlag – AAP Lehrerfachverlage GmbH, Donauwörth

b) Reimschema: _____

_____

_____

_____

_____

c) Gedichtform: _____

_____

_____

_____

K₅ **Aufgabe 6** (★★★)

Untersuche die Bildlichkeit und die Motivstruktur des Gedichtes „Der Spinnerin Nachtlied". Markiere zusammengehörige Bild- bzw. Motivbereiche mit jeweils derselben Farbe. Berücksichtige hierbei den Epochenkontext Romantik (vgl. Infobox). Fixiere anschließend deine Ergebnisse schriftlich.

_____

_____

_____

_____

_____

_____

_____

Romantik
Die Romantik kann als eine Gegenbewegung zur Aufklärung und Klassik verstanden werden, die im Gegensatz zu diesen Strömungen das Emotionale und durch den Verstand nicht Fassbare betont und eine „Universalpoesie" (= Verschmelzung von verschiedenen poetischen Gattungen mit der Philosophie und Rhetorik) anstrebt. Insbesondere die Dichter der Hochromantik (1804–1815), der Clemens Brentano zuzurechnen ist, nehmen sich die einfachen Formen des Volksliedes zum Vorbild.
Häufige Motive der Romantik sind: Reise, Sehnsucht, Nacht, Musik, Fantasie, Liebe und Glaube.

K₆ **Aufgabe 7** (★★)

Überprüfe auf der Grundlage deiner Arbeitsergebnisse deine Verstehenshypothese und korrigiere Sie gegebenenfalls. Formuliere anschließend deine Interpretationshypothese.

_____

_____

_____

K₇ Aufgabe 8 (☆☆)

Bewerte auf der Grundlage deiner eigenen Arbeitsergebnisse und der allgemeinen Hinweise für eine Gliederung eines Interpretationsaufsatzes das folgende Schülerbeispiel. Arbeite in deinem Heft.

Gliederung eines Interpretationsaufsatzes	Schülerbeispiel
Die **Einleitung** führt zum Spezifischen des literarischen Textes und zur eigenen Deutung hin, z. B. Thema des Textes, zentrales Motiv, auffällige Textmerkmale, Bezug zur eigenen Lebenswelt …	Wer unter Liebeskummer leidet, sollte sich das Gedicht „Der Spinnerin Nachtlied" von Clemens Brentano aus dem Jahre 1818 zu Herzen nehmen.
Der **Hauptteil** enthält eine schlüssige Interpretation. • klare These zur Deutung des literarischen Textes	• Das Gedicht nimmt die Leser durch seine Bauweise gefangen und lässt sie das Klagelied der Spinnerin schön finden.
• Stützung der Deutung durch die … – sachlich richtige Beschreibung des Textes. (Aspekte der Textanalyse: Achte dabei auf eine korrekte Verwendung der Fachbegriffe.)	• Typische Liedform (sechs vierzeilige Strophen mit einem dreihebigen Jambus und eingängigem Rhythmus; refrainartige Wiederholungen, z. B. „Da wir zusammen waren.", „Als wir zusammen waren", „Wie wir zusammen waren.") • Strophen durchgängig mit umarmenden Reimen, wobei die a-Reime stets weiblich, die b-Reime stets männlich enden • Auffällig ist, dass in 24 Versen nur vier Reime verwendet werden („-aren" bzw. „-ahren", „-all", „-ein" und „-einen"). Die Reime bilden außerdem gewissermaßen „ei"- und „a"-Strophen. • Sehr viele Sätze werden variiert ein- oder zweimal wiederholt.
– nachvollziehbare Darstellung des Zusammenhangs zwischen der Deutung und den Erschließungsaspekten. (Achte darauf, dass du die Erschließungsergebnisse angemessen gewichtest und durch den Text, d. h. durch Belege und Zitate, stützt.) – nachvollziehbare und sachlich richtige Darstellung möglicher Zusammenhänge zwischen den Untersuchungsergebnissen und der Biografie des Autors und/oder des Zeitkontextes.	• Das Gedicht ist aufgrund der formalen Gestaltung fast „einlullend". Es kommt hinzu, dass es im Gedicht praktisch keine inhaltliche Entwicklung gibt: Das Gedicht wirkt kreisförmig und ohne Ende (wie das „Spinnen" selbst; tatsächlich klagt die Spinnerin schon „lange Jahre".). • Das Gedicht ist bestimmt von Motiven der Romantik (vgl. „Nachtlied"). Mit der „Nacht" sind die Nachtigall und der Mond verbunden, mit der Musik die Gedichtform Lied und der „Schall" der Nachtigall. Bestimmend ist auch die Sehnsucht durch die Erinnerung der Spinnerin an ihren Geliebten über „lange Jahre" hinweg sowie die Gefühlsbetontheit.
Der **Schluss** greift die Deutung des Gedichtes auf, z. B. in Form einer Zusammenfassung, einer persönlichen Bewertung, einer Hervorhebung einzelner Untersuchungsaspekte …	• Ist Liebeskummer schön? → Bei „Der Spinnerin Nachtlied" kann man sich diesem Eindruck nicht entziehen. Auch wenn hier typische romantische Motive variiert werden, so bleibt doch die Schönheit der Verse durch ihren kunstvollen Bau.

K₇ Aufgabe 9 (☆☆)

Überarbeite das Schülerbeispiel auf einem extra Blatt Papier.

K₈ Aufgabe 10 (☆☆☆)

Schreibe jetzt einen Interpretationsaufsatz zum Gedicht „Der Spinnerin Nachtlied". Überarbeite anschließend deinen Aufsatz.

Stefan Schäfer: Kompetenztests Deutsch 9/10
© Auer Verlag – AAP Lehrerfachverlage GmbH, Donauwörth

Kompetenztest 3

Johann Peter Hebel: Kannitverstan

Der Mensch hat wohl täglich Gelegenheit, in Emmendingen und Gundelfingen so gut als in Amsterdam, Betrachtungen über den Unbestand aller irdischen Dinge anzustellen, wenn er will, und zufrieden zu werden mit seinem Schicksal, wenn auch nicht viel gebratene Tauben für ihn in der Luft herumfliegen. Aber auf dem seltsamsten Umweg kam ein deutscher Handwerksbursche in Amsterdam durch den Irrtum

5 zur Wahrheit und zu ihrer Erkenntnis. Denn als er in diese große und reiche Handelsstadt voll prächtiger Häuser, wogender Schiffe und geschäftiger Menschen gekommen war, fiel ihm sogleich ein großes und schönes Haus in die Augen, wie er auf seiner ganzen Wanderschaft von Tuttlingen bis nach Amsterdam noch keines erlebt hatte. Lange betrachtete er mit Verwunderung dies kostbare Gebäude, die sechs Kamine auf dem Dach, die schönen Gesimse und die hohen Fenster, größer als an des Vaters Haus daheim die Tür.

10 Endlich konnte er sich nicht entbrechen, einen Vorübergehenden anzureden. „Guter Freund", redete er ihn an, „könnt ihr mir nicht sagen, wie der Herr heißt, dem dieses wunderschöne Haus gehört mit den Fenstern voll Tulipanen, Sternenblumen und Levkojen?" – Der Mann aber, der vermutlich etwas Wichtigeres zu tun hatte, und zum Unglück gerade so viel von der deutschen Sprache verstand, als der Fragende von der holländischen, nämlich nichts, sagte kurz und schnauzig: „Kannitverstan!", und schnurrte vorüber. Dies war nur

15 ein holländisches Wort, oder drei, wenn mans recht betrachtet, und heißt auf deutsch soviel als: Ich kann Euch nicht verstehen. Aber der gute Fremdling glaubte, es sei der Name des Mannes, nach dem er gefragt hatte. ‚Das muss ein grundreicher Mann sein, der Herr Kannitverstan‘, dachte er und ging weiter. Gass aus, Gass ein kam er endlich an den Meerbusen, der da heißt: Het Ei, oder auf deutsch: das Ypsilon. Da stand nun Schiff an Schiff und Mastbaum an Mastbaum, und er wusste anfänglich nicht, wie er es mit seinen

20 zwei einzigen Augen durchfechten werde, alle diese Merkwürdigkeiten genug zu sehen und zu betrachten, bis endlich ein großes Schiff seine Aufmerksamkeit an sich zog, das vor kurzem aus Ostindien angelangt war und jetzt eben ausgeladen wurde. Schon standen ganze Reihen von Kisten und Ballen auf- und nebeneinander am Lande. Noch immer wurden mehrere herausgewälzt, und Fässer voll Zucker und Kaffee, voll Reis und Pfeffer und salveni[1] Mausdreck darunter. Als er aber lange zugesehen hatte, fragte er endlich ei-

25 nen, der eben eine Kiste auf der Achsel heraustrug, wie der glückliche Mann heiße, dem das Meer alle diese Waren an das Land bringe. „Kannitverstan!", war die Antwort. Da dachte er: ‚Haha, schauts da heraus? Kein Wunder! Wem das Meer solche Reichtümer an das Land schwemmt, der hat gut solche Häuser in die Welt stellen und solcherlei Tulipanen vor die Fenster in vergoldeten Scherben.‘ Jetzt ging er wieder zurück und stellte eine recht traurige Betrachtung bei sich selbst an, was er für ein armer Teufel sei unter so viel

30 reichen Leuten in der Welt. Aber als er eben dachte: ‚Wenn ichs doch nur auch einmal so gut bekäme, wie dieser Herr Kannitverstan es hat!‘, kam er um eine Ecke und erblickte einen Leichenzug. Vier schwarz vermummte Pferde zogen einen ebenfalls schwarz überzogenen Leichenwagen langsam und traurig, als ob sie wüssten, dass sie einen Toten in seine Ruhe führten. Ein langer Zug von Freunden und Bekannten des Verstorbenen folgte nach, Paar und Paar, verhüllt in schwarze Mäntel und stumm. In der Ferne läutete ein ein-

35 sames Glöcklein. Jetzt ergriff unseren Fremdling ein wehmütiges Gefühl, das an keinem guten Menschen vorübergeht, wenn er eine Leiche sieht, und blieb mit dem Hut in den Händen andächtig stehen, bis alles vorüber war. Doch machte er sich an den letzten vom Zug, der eben in aller Stille ausrechnete, was er an seiner Baumwolle gewinnen könnte, wenn der Zentner um zehn Gulden aufschlüge, ergriff ihn sachte am Mantel und bat ihn treuherzig um Exküse[2]. „Das muss wohl auch ein guter Freund von euch gewesen sein",

40 sagte er, „dem das Glöcklein läutet, dass ihr so betrübt und nachdenklich mitgeht?" „Kannitverstan!", war die Antwort. Da fielen unserem guten Tuttlinger ein paar große Tränen aus den Augen, und es ward ihm auf einmal schwer und wieder leicht ums Herz. „Armer Kannitverstan", rief er aus, „was hast du nun von allem deinem Reichtum? Was ich einst von meiner Armut auch bekomme: ein Totenkleid und ein Leintuch, und von allen deinen schönen Blumen vielleicht einen Rosmarin auf die kalte Brust, oder eine Raute". Mit

45 diesen Gedanken begleitete er die Leiche, als wenn er dazugehörte, bis ans Grab, sah den vermeinten Herrn Kannitverstan hinabsenken in seine Ruhestätte, und ward von der holländischen Leichenpredigt, von der er kein Wort verstand, mehr gerührt als von mancher deutschen, auf die er nicht achtgab. Endlich ging er leichten Herzens mit den anderen wieder fort, verzehrte in einer Herberge, wo man Deutsch verstand, mit gutem Appetit ein Stück Limburger Käse, und wenn es ihm wieder einmal schwerfallen wollte, dass

50 so viele Leute in der Welt so reich seien und er so arm, so dachte er nur an den Herrn Kannitverstan in Amsterdam, an sein großes Haus, an sein reiches Schiff und an sein enges Grab.

[1] verkürzte Form von lat. *salva venia* „mit Vorbehalt der Verzeihung", d.h.: „Entschuldigung, dass ich so ein Wort verwende."
[2] Entschuldigung

Aufgabe 1

Welche Aussagen kommen sinngemäß im Text vor, welche nicht? Kreuze entsprechend an.

	Aussagen im Text „Kannitverstan"	richtig	falsch
a)	Die Geschichte spielt in der holländischen Stadt Emmendingen.		
b)	Die Geschichte handelt von einem Handwerksburschen, der kein Holländisch versteht.		
c)	Der Handwerksbursche hält den holländischen Ausdruck „Kannitverstan" (= „Ich kann euch nicht verstehen") für den Namen eines Mannes.		
d)	Der Handwerksbursche ist neidisch auf den Besitzer des großen Hauses und des Handelsschiffes.		
e)	Als der Handwerksbursche erfährt, dass der Haus- und Schiffsbesitzer tot ist, geht er sofort in seine Herberge.		

Aufgabe 2

Stelle dar, inwieweit sich der Erzählauftakt (Z. 1–5) vom restlichen Text unterscheidet.

_____

_____

_____

_____

Aufgabe 3

Beschreibe den Verlauf der inneren Handlung beim Handwerksburschen. Wie denkt er am Anfang, wie am Schluss?

_____

_____

_____

Aufgabe 4

Beziehe die Einleitung der Geschichte auf ihren Schluss und formuliere in Form einer Interpretationshypothese, was Hebel mit seinem Text sagen will.

_____

_____

_____

_____

_____

Stefan Schäfer: Kompetenztests Deutsch 9/10
© Auer Verlag – AAP Lehrerfachverlage GmbH, Donauwörth

Aufgabe 5

Kreuze die Textsorte an, zu der der Text „Kannitverstan" gehört. Begründe anschließend deine Einschätzung am Text.

- ☐ Schwank
- ☐ Fabel
- ☐ Parabel
- ☐ Anekdote
- ☐ Kalendergeschichte
- ☐ Novelle
- ☐ Sage
- ☐ Gleichnis

Begründung: _____

_____

_____

_____

_____

Aufgabe 6

Welche Aussagen über Interpretationsaufsätze treffen zu, welche nicht? Kreuze entsprechend an.

	Aussagen über Interpretationsaufsätze	richtig	falsch
a)	Zwischen Einleitung und Schluss eines Interpretationsaufsatzes muss kein besonderer Zusammenhang bestehen.		
b)	Der Schluss eines Interpretationsaufsatzes ist weniger wichtig als die Einleitung, ein Ende findet sich immer irgendwie.		
c)	Um eine Deutungshypothese zu entwickeln, die man im Aufsatz belegt, kann man z. B. zentrale Motive im Text entschlüsseln oder den Titel auf den Text beziehen.		
d)	Vor dem Schreiben eines Interpretationsaufsatzes sollte man einen Schreibplan erstellen, d. h. seine Ergebnisse ordnen, den Argumentationsgang festlegen und ausführliche Notizen zu Einleitung, Hauptteil und Schluss anfertigen.		
e)	Der Schlussteil eines Interpretationsaufsatzes sollte in jedem Fall eine Bewertung der Sprache des Textes enthalten.		

Aufgabe 7

Kreise in dem folgenden Satzgefüge (vgl. Z. 1–3) die Kommata ein, die wegen eines Nebensatzes gesetzt werden müssen.

„Der Mensch hat wohl täglich Gelegenheit, in Emmedingen und Gundelfingen so gut als in

Amsterdam, Betrachtungen über den Unbestand aller irdischen Dinge anzustellen, wenn er will,

und zufrieden zu werden mit seinem Schicksal, wenn auch nicht viel gebratene Tauben für ihn

in der Luft herumfliegen."

Stefan Schäfer: Kompetenztests Deutsch 9/10
© Auer Verlag – AAP Lehrerfachverlage GmbH, Donauwörth

⬇ Aufgabe 8

Forme die folgenden Sätze wie angegeben um.

a) „Aber auf dem seltsamsten Umweg kam ein deutscher Handwerksbursche in Amsterdam durch den Irrtum zur Wahrheit und zu ihrer Erkenntnis." (Z. 4 f.) – „deutscher" als Relativsatz zu „Handwerksbursche"

_____

_____

_____

b) „… fragte er endlich einen, … wie der glückliche Mann heiße, dem das Meer alle diese Waren an das Land bringe." (Z. 24 ff.) – indirekte Rede als direkte Rede; beginne mit *Er fragte endlich einen:*

_____

_____

c) „Wem das Meer solche Reichtümer an das Land schwemmt, …" – im Passiv

_____

_____

d) „Jetzt ergriff unseren Fremdling ein wehmütiges Gefühl, das an keinem guten Menschen vorübergeht, …" (Z. 35 f.) – Relativsatz auflösen

_____

_____

e) „… [er] ward von der holländischen Leichenpredigt, von der er kein Wort verstand, mehr gerührt als von mancher deutschen, …" (Z. 46 f.) – im Aktiv

_____

_____

Stefan Schäfer: Kompetenztests Deutsch 9/10
© Auer Verlag – AAP Lehrerfachverlage GmbH, Donauwörth

Checkliste

Kompetenzen:

Nr.	Ich kann ...	Aufgaben	– –	–	0	+	+ +
K₁	Auffälligkeiten im Wortgebrauch erkennen und beschreiben.	1, 2, 3					
K₂	Auffälligkeiten auf der Satzebene erkennen und beschreiben.	4					
K₃	einen Text stilistisch beschreiben (Stilvarianten).	5, 9, 10					
K₄	rhetorische Figuren erkennen.	6					
K₅	die Aussageabsicht von stilistischen Varianten deuten.	7					
K₆	Veränderungen in der Erzähltechnik erkennen und beschreiben.	8					
K₇	Merkmale eines Nominalstils erkennen und durch Beispiele am Text belegen.	9					
K₈	literarische Texte stilistisch charakterisieren.	10					
K₉	Texte stilistisch vergleichen.	11					
K₁₀	Mittel der Satire an einem Text nachweisen.	12					

Stefan Schäfer: Kompetenztests Deutsch 9/10
© Auer Verlag – AAP Lehrerfachverlage GmbH, Donauwörth

Kompetenzdarstellung

Um die **Sprache eines** (literarischen) **Textes zu untersuchen**, beschreibt man am besten zunächst Auffälligkeiten auf der Wort- und Satzebene.

Auf der **Wortebene** lassen sich folgende Fragen stellen:
- Werden bestimmte Wortarten (vor allem Nomen und Adjektive) auffällig häufig verwendet?
- Gibt es auffällige Verbformen (Partizipien, Konjunktiv, Imperativ, Passiv, Tempuswechsel)?
- Lässt sich der Wortschatz bestimmten Bedeutungsbereichen zuordnen (Wortfamilien, Wortfelder, Bildbereiche)?
- Gibt es auffällige Wortbeziehungen (Wortwiederholungen, Synonyme, Antonyme, Ober- bzw. Unterbegriffe)?
- Ist die Wortwahl charakteristisch für eine bestimmte Sprachvarietät (Alltagsprache, Jugendsprache, Dialekte, Werbesprache usw.)?
- Welche anderen Besonderheiten gibt es (z. B. Neologismen, häufige Nominalisierungen, viele Komposita, typische Wortbildungsmuster, Sprachspiele usw.)?

Auf der **Satzebene** lassen sich folgende Fragen stellen:
- Ist der Satzbau eher komplex (und lang) oder eher reihend (und kurz)?
- Gibt es auffällig viele Attribute und/oder Adverbiale?
- Ist die Anordnung der Satzglieder und Nebensätze ungewöhnlich?
- Wiederholen sich bestimmte Satzbaumuster auffällig oft?
- Gibt es auffällige rhetorische Figuren (z. B. Inversion, Parallelismus oder Ellipse)?

Aus der sprachlichen Untersuchung eines Textes lassen sich oft bereits stilistische Auffälligkeiten („Stil" leitet sich vom lateinischen Wort *stilus* „Schreibstift" ab und bedeutet heute „die Art zu schreiben bzw. zu sprechen") benennen. Man spricht auch von **Stilvarianten**.

Auf der **Wortebene** unterscheidet man verschiedene **Stilebenen:**
- stilistisch gehoben: z. B. Antlitz, entschlafen, Haupt, ruhen
- stilistisch neutral: z. B. Gesicht, sterben, Kopf, schlafen
- umgangssprachlich bis vulgär: z. B. Fresse, abkratzen, Birne, pennen

Auf der Ebene von **Wortgruppen** unterscheidet man:
- **Nominalstil:** häufige Nominalisierungen (z. B. „Die Zustimmung der Beteiligten vorausgesetzt …" statt: „Wenn die Beteiligten zustimmen …"); mehrteilige Komposita („Schlichtungsdurchführungsverordnung"); mehrteilige Attribute („Beschluss über die Durchführung der Abfindung der Beteiligten einer Schlichtung") – Gegenteil: **Verbalstil**
- **metaphorischer Stil:** häufige Verwendung von Metaphern („Zugang zur Welt", „Lebenskampf") und Vergleichen („Er zitterte wie Espenlaub.") sowie allgemein von treffenden und anschaulichen Formulierungen – Gegenteil: **begrifflicher oder sachlicher Stil**

Auf der **Satzebene** unterscheidet man:
- **parataktischer** (reihender) **Stil:** überwiegend und meist kurze Hauptsätze
- **hypotaktischer Stil:** überwiegend komplexe Satzstrukturen mit vielen Nebensätzen, Einschüben, Nachstellungen und Parenthesen

Achtung: Diese Stilvarianten schließen einander nicht aus, so kann z. B. ein Text im Nominalstil gleichzeitig im hypotaktischen Stil verfasst sein.

Neben den Stilvarianten lassen sich außerdem sogenannte Funktionalstile unterscheiden. Unter einem **Funktionalstil** versteht man eine spezielle Sprachverwendung, wie sie in einem bestimmten Funktionsbereich der Sprache vorkommt. Man unterscheidet:

- **alltagssprachlicher Stil**, wie er in alltäglichen Kommunikationssituationen verwendet wird; wichtige Kennzeichen sind: Vermeidung gehobener Ausdrücke, Verwendung umgangssprachlicher Ausdrücke, häufige Satzreihen, dialektale Einflüsse, elliptische Sätze (= Sätze, denen ein Satzglied fehlt), sprachliche Verschleifungen bzw. Kürzungen (z. B. *nen* statt *einen*)
- **publizistischer Stil**, wie er in den Medien und der Politik verwendet wird; wichtigstes Kennzeichen ist: Verwendung der Standardsprache (keine umgangssprachlichen Ausdrücke, keine dialektalen Einflüsse)
- **fachsprachlicher Stil**, wie er in der Wissenschaft, der Wirtschaft, Verwaltung usw. verwendet wird; wichtige Kennzeichen sind: Verwendung von Fachwortschatz, eher komplexer Satzbau, Attributhäufungen (z. B. „die angestrebte Verordnung über die Neugestaltung der Buchausleihe"), Verwendung von Nominalisierungen und Komposita (= Wortzusammensetzungen)
- **künstlerischer Stil,** wie er in der Literatur verwendet wird; wichtige Kennzeichen sind: standard- und nicht standardsprachliche Elemente (auch bewusste Abweichungen von den Regeln) werden vermischt, bildhafte und anschauliche Sprache, Wortneuschöpfungen

Stefan Schäfer: Kompetenztests Deutsch 9/10
© Auer Verlag – AAP Lehrerfachverlage GmbH, Donauwörth

Zur stilistischen Beschreibung von Texten werden darüber hinaus oft Vergleiche zu besonderen Sprachverwendungen gezogen, z.B. altertümlicher Stil (Verwendung veralteter Ausdrücke bzw. Wortformen), Beamtenstil, jugendsprachlicher oder biblischer Stil.

Wichtige **Stilmittel/rhetorische Figuren** sind:

sprachliches Bild	Erklärung	Beispiele
Alliteration	Wiederholung des Anfangslautes	mit Mann und Maus
Anapher	Wiederholung eines Wortes oder einer Wortgruppe am Vers- oder Satzanfang	O Täler weit, o Höhen, o schöner, grüner Wald.
Antithese	Entgegensetzung von Gedanken und Begriffen	Himmel und Hölle, Gut und Böse
Chiasmus	Überkreuzstellung von Sinneinheiten	Der Einsatz war groß, klein war der Gewinn.
Ellipse	Auslassung des Unwichtigen, zugleich ein grammatisch unvollständiger Satz	[Das] Ende [ist] gut, alles [ist] gut!
Euphemismus	beschönigende Beschreibung	lernschwach, vollschlank
Hyperbel	Übertreibung, Steigerung des Ausdrucks	blitzschnell, ein Meer von Tränen
Klimax	(dreigliedrige) Steigerung	Ich kam, sah und siegte.
Litotes	Untertreibung, Abschwächung	nicht ganz schlecht, nicht unschön
Metapher	Verbindung zweier Bedeutungsbereiche (von griech. *metaphorein* „übertragen")	messerscharfer Verstand, öliges Licht, Tränenmeer
Metonymie	Ersetzung eines Begriffs durch einen anderen, der in unmittelbarer Beziehung zu ihm steht	ein Glas trinken, Afrika hungert, das Weiße Haus teilt mit
Oxymoron	Verbindung von zwei sich widersprechenden Begriffen	Eile mit Weile, Hassliebe, alter Knabe
Parallelismus	Wiederholung gleicher Satzbaumuster	Tod, wo ist dein Stachel? Hölle, wo ist dein Sieg?
Pleonasmus	Eine bestimmte Bedeutung wird mehrfach ausgedrückt.	nasser Regen, alter Greis, weißer Schimmel
rhetorische Frage	Frage, die auf keine Antwort zielt bzw. bei der die Antwort bekannt ist	Spreche ich eigentlich Chinesisch?
Vergleich	Verknüpfung zweier Bedeutungsbereiche durch eine gemeinsame Eigenschaft	stark wie ein Löwe, zittern wie Espenlaub
Zeugma	Satzverbindung, die sich ein gemeinsames Prädikat teilt	Der See kann sich, der Landvogt nicht erbarmen.

Einen sprachlichen und stilistischen Sonderfall stellt das satirische Schreiben dar. **Satiren** sind nicht auf eine Textsorte festgelegt, sondern können in allen Gattungen vorkommen. In Satiren wird immer Kritik an einer Person, einer Sache, einem Vorgang oder an einem Ereignis geäußert. Der Autor möchte dabei den Leser auf seine Seite ziehen. Damit der Leser die Kritikwürdigkeit einer Sache erkennt, wird die Darstellung dieser Sache möglichst scharf von einem (vorgestellten) Idealzustand abgehoben, d.h. es wird gezeigt, wie sehr sich eine Sache in der Wirklichkeit vom wünschenswerten Idealzustand entfernt hat. Um diesen Kontrast zwischen Wirklichkeit und Idealzustand zu verdeutlichen, werden verschiedene Stilmittel (rhetorische Figuren) eingesetzt. Die wichtigsten Mittel sind:

- Gegenüberstellungen (Vergleiche, Antithesen)
- Parodie (= verspottende Nachahmung)
- Ironie (= Darstellung eines Sachverhalts durch die Behauptung des Gegenteils)
- Karikatur (= verzerrende Darstellung)
- Übertreibung/Untertreibung

Übungsteil

Robert Walser: Der verlorene Sohn

Wenn ein Landedelmann nicht zwei Söhne gehabt hätte, die glücklicherweise vollständig voneinander abstachen, so würde eine lehrreiche Geschichte unmöglich haben zustande kommen können, nämlich die Geschichte vom verlornen Sohn, die mitteilt, dass der eine von den beiden verschiedenartigen Söhnen sich durch Leichtlebigkeit auszeichnete, während der andere durch denkbar soliden Lebenswandel hervorragte.

5 Wo der eine frühzeitig sozusagen die Offensive ergriff und in die Welt hinaus marschierte, blieb der andere säuberlich daheim und verharrte mithin so zäh wie möglich gewissermaßen im Zustand abwartender Verteidigung. Wo wieder Ersterer gleichsam im Ausland herumvagabundierte, lungerte wieder Letzterer scheinbar höchst ehrbar gleichsam ums Haus herum.

Während der Erste artig ausriss und hübsch eilig auf und davonrannte, hielt sich der Zweite beständig erstaun-
10 lich brav an Ort und Stelle auf und erfüllte mit unglaublicher Regelmäßigkeit seine täglichen Obliegenheiten. Während wieder der eine weiter nichts Besseres zu tun hatte, als abzudampfen und fortzugondeln, wusste leider wieder der andere weiter nichts Gescheiteres anzufangen, als mitunter vor lauter Tüchtigkeit, Ordentlichkeit, Artigkeit und Nützlichkeit schier umzukommen.

Als der entlaufene oder verlorene Sohn, dem die Geschichte ihren Titel verdankt, nach und nach merkte, dass
15 es mit seinen Aktien in der Tat verhältnismäßig recht, sehr übel stehe, trat er den Rückzug an, was zweifellos ziemlich vernünftig von ihm war. Der Daheimgebliebene würde auch ganz gerne einmal den Rückzug angetreten haben, das Vergnügen war ihm aber durchaus nicht gegönnt, und zwar ganz einfach vermutlich deshalb nicht, weil er nicht fortgegangen war, wie bereits bekannt ist.

Wenn vermutet werden darf, der Fortgelaufene habe das Fortlaufen ernstlich bereut, so wird nicht weniger ver-
20 mutet oder angenommen werden dürfen, dass der Daheimgebliebene sein Daheimbleiben tiefer bereute, als er dachte. Wenn der verlorne Sohn innig wünschte, dass er lieber nie verloren gegangen wäre, so wünschte seinerseits der andere, nämlich der, der niemals weggegangen war, durchaus nicht weniger innig oder vielleicht noch inniger, dass er doch lieber nicht beständig zu Hause geblieben, sondern lieber tüchtig fortgelaufen und verloren gegangen wäre, oder er sich auch ganz gerne einmal gehörig würde haben heimfinden wollen.

25 Da der verlorene Sohn, nachdem er längst verloren geglaubt worden war, Abbild vollkommener Herabgekommenheit, zerlumpt und abgezehrt, eines Abends plötzlich frisch wieder auftauchte, stand gewissermaßen Totes wieder lebendig auf, weshalb ihm alle Liebe naturgemäß wie wild entgegenstürzte.

Der wackere Zuhausegebliebene hätte auch ganz gern einmal tüchtig tot und hernach wieder tüchtig lebendig sein mögen, um erleben zu dürfen, dass ihm alle Liebe naturgemäß wie wild entgegenkäme.

30 Die Freude über das unerwartete Wiederfinden und das Entzücken über ein so schönes und ernstes Ereignis zündeten und loderten hell und hoch wie eine Feuersbrunst im Haus herum, dessen Bewohner, Knechte, Mägde sich fast wie in den Himmel gehoben fühlten. Der Heimgekehrte lag der Länge nach am Boden, von wo ihn der Vater aufgehoben haben würde, wenn er die Kraft dazu gehabt hätte. Der alte Mann weinte so sehr und war so schwach, dass man ihn stützen musste. Selige Tränen. In allen Augen war ein Schimmer, in allen Stimmen ein
35 Zittern. Von so mannigfaltigem Anteil, so aufrichtig liebendem Verstehen und Verzeihen umflossen, musste der Fehlbare beinahe wie heilig erklärt erscheinen. Schuldig sein hieß zu solch schöner Stunde nichts anderes als liebenswürdig sein. Alles redete, lächelte, winkte hier und dort dicht durcheinander, derart, dass nur glückliche, zugleich aber auch nur ernste Worte zu hören sein konnten. Bei der fröhlichen Begebenheit blieb nicht das Mindeste unbelichtet, da bis in das Hinterste geringer schwacher Abglanz vom allgemeinen Glanze und
40 kleine Lichter vom großen Lichte drangen.

Irgendwelchem Zweifel kann kaum unterliegen, dass ein gewisser anderer auch ganz gern einmal Gegenstand so großer Freude gewesen wäre: Der sich sein Lebtag nie etwas hatte zuschulden kommen lassen, würde auch ganz gern einmal schuldig gewesen sein. Der immer einen anständigen Rock getragen hatte, würde auch ganz gern einmal recht zerlumpt und abgerissen ausgesehen haben. Sehr wahrscheinlich würde er auch ganz gern
45 einmal der Länge nach in Mitleid erregenden Fetzen am Boden gelegen sein, von wo ihn der Vater würde haben aufheben wollen. Der nie Fehler begangen hatte, würde vielleicht auch ganz gern einmal armer Sünder gewesen sein. Unter so holden Umständen verlorener Sohn zu sein, war ja geradezu ein Genuss, doch der Genuss blieb ihm ein für alle Mal versagt.

Inmitten allseitiger Zufriedenheit und Vergnügtheit blieb niemand missvergnügt und übelgelaunt als doch hof-
50 fentlich nicht er? Jawohl! Inmitten gemeinschaftlicher Fröhlichkeit und Geneigtheit blieb niemand ungefreut und abgeneigt als doch hoffentlich nicht er? Jawohl! Was aus den übrigen Personen geworden ist, weiß ich nicht. Sehr wahrscheinlich sind sie sanft gestorben. Der wunderliche Unzufriedene hingegen lebt noch. Neulich

Stefan Schäfer: Kompetenztests Deutsch 9/10
© Auer Verlag – AAP Lehrerfachverlage GmbH, Donauwörth

war er nämlich bei mir, um sich mir murmelnd und brummelnd als ein Mensch vorzustellen, der verlegen sei, weil er mit der Geschichte vom verlornen Sohn zusammenhänge, von welcher er auf das Lebhafteste wünschen
55   müsse, dass sie lieber nie geschrieben worden wäre. Auf die Frage, die ich an ihn richtete, wie man dies zu verstehen habe, antwortete er, dass er jener Daheimgebliebene sei.
Ich wunderte mich über des sonderbaren Kauzes Unbehagen keine Sekunde lang. Für seine Verdrießlichkeit besaß ich uneingeschränktes Verständnis. Dass die Geschichte vom verlornen Sohn, worin er eine wenig empfehlenswerte Rolle spielte, eine angenehme und erbauliche Geschichte wäre, hielt ich für unmöglich. Vielmehr
60   war ich in jeder Hinsicht vom Gegenteil überzeugt.

K₁ Aufgabe 1 (☆)

Lies die Erzählung „Der verlorene Sohn" von Robert Walser. Beschreibe anschließend, was an den unterstrichenen Wörtern auffällig ist.

_____

_____

_____

_____

K₁ Aufgabe 2 (☆☆)

Lies noch einmal die ersten fünf Absätze des Textes.

a) Nenne zu dem Wort „marschieren" Antonyme (= Wörter mit gegensätzlicher Bedeutung) und/oder Synonyme (= Wörter mit gleicher oder ähnlicher Bedeutung). Schreibe in die Tabelle.

Antonyme	Synonyme

b) Nenne weitere antonyme Wortpaare aus dem Text.

_____

_____

_____

K₁ **Aufgabe 3** (☆☆☆)

Nenne weitere auffällige grammatische Mittel der Wortebene im Text „Der verlorene Sohn". Notiere Beispiele.

grammatische Mittel der Wortebene	Beispiele

K₂ **Aufgabe 4** (☆☆)

Nenne aus dem Text „Der verlorene Sohn" auffällige grammatische Mittel der Satzebene. Belege deine Einschätzung jeweils durch Beispiele.

_____

_____

_____

_____

_____

K₃ **Aufgabe 5** (☆☆)

Welche Aussagen über den Stil des Textes „Der verlorene Sohn" treffen zu? Kreuze entsprechend an.

	Aussagen über den Stil im Text „Der verlorene Sohn"	richtig	falsch
a)	Trotz einzelner kurzer Sätze ist der Text überwiegend in einem hypotaktischen Stil verfasst.		
b)	Bezüglich der Stilebenen ist der Text überwiegend stilistisch neutral.		
c)	Der Text weist zahlreiche Merkmale eines metaphorischen Stils auf.		
d)	Der Text weist zahlreiche Merkmale eines begrifflichen Stils auf.		

K₄ **Aufgabe 6** (☆☆)

Kreuze an, um welches Stilmittel (welche rhetorische Figur) es sich bei den Beispielen aus dem Text „Der verlorene Sohn" jeweils handelt. Achtung: In manchen Fällen sind auch zwei Antworten richtig.

a) „… hell und hoch wie eine Feuersbrunst …" (Z. 31)

☐ Metapher ☐ Vergleich ☐ Zeugma ☐ Alliteration ☐ Litotes

b) „… eine wenig empfehlenswerte Rolle …" (Z. 58 f.)

☐ Hyperbel ☐ Vergleich ☐ Alliteration ☐ Litotes

c) „… vor lauter Tüchtigkeit, Ordentlichkeit, Artigkeit und Nützlichkeit schier umzukommen." (Z. 12 f.)

☐ Hyperbel ☐ Vergleich ☐ Metapher ☐ Litotes

d) „Wo wieder Ersterer … herumvagabundierte, lungerte wieder Letzterer … herum." (Z. 7 f.)

☐ Ellipse ☐ Chiasmus ☐ Parallelismus ☐ Oxymoron

Stefan Schäfer: Kompetenztests Deutsch 9/10
© Auer Verlag – AAP Lehrerfachverlage GmbH, Donauwörth

e) „In allen Augen war ein Schimmer, in allen Stimmen ein Zittern." (Z. 34 f.)

☐ Ellipse ☐ Chiasmus ☐ Parallelismus ☐ Oxymoron

f) „Selige Tränen." (Z. 34)

☐ Ellipse ☐ Chiasmus ☐ Parallelismus ☐ Oxymoron

g) „Alles redete, lächelte, winkte hier und dort …" (Z. 37)

☐ Hyperbel ☐ Vergleich ☐ Klimax ☐ Litotes

h) „Inmitten … blieb niemand missvergnügt und übelgelaunt als doch hoffentlich nicht er?" (Z. 49 f.)

☐ Hyperbel ☐ Vergleich ☐ rhetorische Frage ☐ Litotes

i) „… und dort dicht durcheinander, …" (Z. 37)

☐ Metapher ☐ Zeugma ☐ Alliteration ☐ Litotes

j) „Der sich sein Lebtag nie etwas hatte zuschulden kommen lassen, … Der immer einen anständigen Rock getragen hatte, …. Der nie Fehler begangen hatte, …" (Z. 42 ff.)

☐ Hyperbel ☐ Anapher ☐ Alliteration ☐ Oxymoron

K₅ Aufgabe 7 (★☆☆)

Lies noch einmal die beiden letzten Absätze der Geschichte vom „verlorenen Sohn" und erschließe sprachliche Merkmale, die die negative Einschätzung des Erzählers über den angeblichen Wert der Geschichte vom verlorenen Sohn stützen.

_____

_____

_____

_____

_____

K₆ Aufgabe 8 (★★☆)

Vergleiche die beiden letzten Absätze mit Blick auf die Erzähltechnik mit dem Textanfang. Stelle dar, was sich ändert.

_____

_____

_____

_____

K₃ K₇ Aufgabe 9 (★★★)

Nenne aus der Geschichte „Der verlorene Sohn" Beispiele für die angeführten Merkmale eines Nominalstils.

Merkmale	Beispiele
Nominalisierungen	
mehrgradige Attribute	
Abstrakta	

K₃ K₈ **Aufgabe 10** (✩✩)

Charakterisiere den folgenden Erzähltextauszug sprachlich-stilistisch.

Auszug 1

Victor ging an dem Gebüschrande gegen die Wohnung zu. Als er auf den freien Sandplatz vor dem Hause gekommen war, auf dem der Brunnen stand und ein bejahrter Apfelbaum war, an den sich wieder Stangen und
allerlei andere Dinge lehnten, wurde er von einem alten Spitz angewedelt und begrüßt. Die Hühner, ebenfalls
freundliche Umwohner des Hauses, scharrten unter dem Apfelbaume unbeirrt fort. Er ging in das Haus hinein,
5 und über den knisternden Flursand in die Stube, aus welcher ein reiner gebohnerter Fußboden heraussah.
In der Stube war bloß eine alte Frau, die gerade ein Fenster geöffnet hatte, und damit beschäftigt war, von den
weißgescheuerten Tischen, Stühlen und Schreinern den Staub abzuwischen, und die Dinge, die sich etwa gestern abends verschoben hatten, wieder zurecht zu stellen. Durch das Geräusch des Hereintretenden von ihrer
Arbeit abgelenkt, wendete sie ihr Antlitz gegen ihn. Es war eines jener schönen alten Frauenantlitze, die so
10 selten sind. Ruhige, sanfte Farben waren auf ihm und jedes der unzähligen kleinen Fältchen war eine Güte und
eine Freundlichkeit. Um alle diese Fältchen waren hier noch die unendlich vielen anderen einer schneeweißen
gekrausten Haube. Auf jeder der Wangen saß ein kleines, feines Fleckchen Rot.

_____

_____

_____

_____

_____

_____

K₉ **Aufgabe 11** (✩)

Passt der folgende Auszug 2 stilistisch besser zu Auszug 1 oder besser zur Geschichte vom „verlorenen Sohn"?
Entscheide und begründe deine Meinung.

Auszug 2

Über die Berge hob sich die Sonne, leuchtete in klarer Majestät in ein freundliches, aber enges Tal und weckte
zu fröhlichem Leben die Geschöpfe, die geschaffen sind, an der Sonne ihres Lebens sich zu freuen. Aus vergoldetem Waldessaume schmetterte die Amsel ihr Morgenlied, zwischen funkelnden Blumen in perlendem Grase
tönte der sehnsüchtigen Wachtel eintönend Minnelied, über dunklen Tannen tanzten brünstige Krähen ihren
5 Hochzeitsreigen oder krächzten zärtliche Wiegenlieder über dornichten Bettchen ihrer ungefiederten Jungen.

_____

_____

_____

_____

_____

Stefan Schäfer: Kompetenztests Deutsch 9/10
© Auer Verlag – AAP Lehrerfachverlage GmbH, Donauwörth

K₁₀ **Aufgabe 12** (⋆⋆)

Lies den Text „Reparatur-Quiz" von Wolfgang Ebert und weise an ihm die Merkmale satirischen Schreibens nach (mit Belegen aus dem Text). Arbeite im Heft.

Wolfgang Ebert: Reparatur-Quiz

Szene: Autoreparaturschule

PRÜFER. „Ein Fahrer erscheint mit defektem Wagen. Was sagen Sie?"

SCHÜLER. „Es ist schon Donnerstag, unser Wochenende beginnt. Er soll nächsten Monat wiederkommen."

PRÜFER. „Gut. Nun kommt einer, bei dem funktioniert der Scheibenwischer nicht."

5 SCHÜLER. „Da erneuern wir am besten gleich die ganze Scheibe."

PRÜFER. „Gut. Was passiert, wenn er den Wagen nach drei Tagen holt?"

SCHÜLER. „Nichts. Der Wagen ist noch nicht fertig."

PRÜFER. „Warum ist er noch nicht fertig?"

SCHÜLER. „Weil wir die Kupplung ausgebaut haben."

10 PRÜFER. „Der Kunde will den Wagen woanders hinbringen."

SCHÜLER. „Ohne Kupplung?"

PRÜFER. „Prächtig! Wann bekommt der Kunde seinen Wagen?"

SCHÜLER. „Wenn die Lackierung der Vorderseite beendet ist."

PRÜFER. „Kommt dieser Kunde jemals wieder?"

15 SCHÜLER. „Muss er ja."

PRÜFER. „Warum?"

SCHÜLER. „Der Scheibenwischer. Er funktioniert wieder nicht."

PRÜFER. „Was sagen sie ihm?"

SCHÜLER. „Komisch – hat's denn geregnet?"

20 PRÜFER. „Wie reagiert der Kunde darauf?"

SCHÜLER. „Er wird unverschämt und behauptet, wir hätten den Scheibenwischer schlecht repariert."

PRÜFER. „Wie reagieren Sie auf diese Beleidigung?"

SCHÜLER. „Ich spiele lässig mit dem Schraubenschlüssel. Das beruhigt ihn sehr. Er bekommt den Scheibenwischer repariert – für denselben Preis natürlich."

25 PRÜFER. „Ein anderer Fahrer klagt über ein Klopfen im Motor."

SCHÜLER. „Ich tippe auf schweren Getriebeschaden."

PRÜFER. „Er sagt, der Wagen käme gerade aus der Inspektion."

SCHÜLER. „Ich kann das nicht glauben."

PRÜFER. „Sie erfahren, die Inspektion fand bei Ihnen statt."

30 SCHÜLER. „Ich frage ihn, wie er das so schnell geschafft hat. Dann öffne ich die Motorhaube."

PRÜFER. „Das Getriebe ist in Ordnung?"

SCHÜLER. „Natürlich. Das baue ich aus und … und …"

PRÜFER. „Zerbrechen bei dieser Gelegenheit die Ölpumpe …"

SCHÜLER. „Genau!"

35 PRÜFER. „Was kostet den Kunden der ganze Spaß?"

SCHÜLER. „437 Mark. Davon 234,50 Mark für Arbeitszeit."

PRÜFER. „Wie lang war die?"

SCHÜLER. „Zwei Stunden. Für zehn Mann."

PRÜFER. „Können Sie ihm noch eine zusätzliche Freude machen?"

40 SCHÜLER. „Ich kann ihm einen neuen Satz Zündkerzen einsetzen."

PRÜFER. „Welchen Fehler dürfen Sie dabei niemals machen?"

SCHÜLER. „Tatsächlich neue Zündkerzen einzusetzen – statt die alten ein bisschen blank zu putzen."

PRÜFER. „Bestanden! Sie werden es in dieser Branche weit bringen."

Stefan Schäfer: Kompetenztests Deutsch 9/10
© Auer Verlag – AAP Lehrerfachverlage GmbH, Donauwörth

Kompetenztest 4

Wolfgang Hildesheimer: Eine größere Anschaffung

Eines Abends saß ich im Dorfwirtshaus vor (genauer gesagt, hinter) einem Glas Bier, als ein Mann gewöhnlichen Aussehens sich neben mich setzte und mich mit gedämpft-vertraulicher Stimme fragte, ob ich eine Lokomotive kaufen wollte. Nun ist es zwar ziemlich leicht, mir etwas zu verkaufen, denn ich kann schlecht nein sagen, aber bei einer größeren Anschaffung dieser Art schien mir doch Vorsicht

5 am Platze. Obgleich ich wenig von Lokomotiven verstehe, erkundigte ich mich nach Typ, Baujahr und Kolbenweite, um bei dem Mann den Anschein zu erwecken, als habe er es hier mit einem Experten zu tun, der nicht gewillt sei, die Katze im Sack zu kaufen. Ob ich ihm wirklich diesen Eindruck vermittelte, weiß ich nicht; jedenfalls gab er bereitwillig Auskunft und zeigte mir Ansichten, die das Objekt von vorn, von hinten und von den Seiten darstellten. Sie sah gut aus, diese Lokomotive, und ich be-

10 stellte sie, nachdem wir uns vorher über den Preis geeinigt hatten. Denn sie war bereits gebraucht, und obgleich sich Lokomotiven bekanntlich nur sehr langsam abnützen, war ich nicht gewillt, den Katalogpreis zu zahlen.

Schon in derselben Nacht wurde die Lokomotive gebracht. Vielleicht hätte ich dieser allzu kurzfristigen Lieferung entnehmen sollen, dass dem Handel etwas Anrüchiges innewohnte, aber arglos wie ich

15 war, kam ich nicht auf die Idee. Ins Haus konnte ich die Lokomotive nicht nehmen, die Türen gestatteten es nicht, zudem wäre es wahrscheinlich unter der Last zusammen gebrochen, und so musste sie in die Garage gebracht werden, ohnehin der angemessene Platz für Fahrzeuge. Natürlich ging sie der Länge nach nur halb hinein, dafür war die Höhe ausreichend; denn ich hatte in dieser Garage früher einmal einen Fesselballon untergebracht, aber der war geplatzt.

20 Bald nach dieser Anschaffung besuchte mich mein Vetter. Er ist ein Mensch, der, jeglicher Spekulation und Gefühlsäußerung abhold, nur die nackten Tatsachen gelten lässt. Nichts erstaunt ihn, er weiß alles, bevor man es ihm erzählt, weiß es besser und kann alles erklären. Kurz: ein unausstehlicher Mensch. Wir begrüßten einander, und um die darauffolgende peinliche Pause zu überbrücken, begann ich: „Diese herrlichen Herbstdüfte …" – „Welkendes Kartoffelkraut", entgegnete er, und an sich hatte er

25 Recht. Fürs Erste steckte ich es auf und schenkte mir von dem Kognak ein, den er mitgebracht hatte. Er schmeckte nach Seife, und ich gab dieser Empfindung Ausdruck. Er sagte, der Kognak habe, wie ich auf dem Etikett ersehen könne, auf den Weltausstellungen in Lüttich und Barcelona große Preise, in St. Louis gar die goldene Medaille erhalten, sei daher gut. Nachdem wir schweigend mehrere Kognaks getrunken hatten, beschloss er, bei mir zu übernachten, und ging den Wagen einstellen. Einige

30 Minuten darauf kam er zurück und sagte mit leiser, leicht zitternder Stimme, dass in meiner Garage eine große Schnellzuglokomotive stünde. „Ich weiß", sagte ich ruhig und nippte von meinem Kognak, „ich habe sie mir vor kurzem angeschafft." Auf seine zaghafte Frage, ob ich öfters damit fahre, sagte ich, nein, nicht oft, nur neulich nachts, da hätte ich eine benachbarte Bäuerin, die ein freudiges Ereignis erwartete, in die Stadt ins Krankenhaus gefahren. Sie hätte noch in derselben Nacht Zwillingen

35 das Leben geschenkt, aber das habe wohl mit der nächtlichen Lokomotivfahrt nichts zu tun. Übrigens war das alles erlogen, aber bei solchen Gelegenheiten kann ich der Versuchung nicht widerstehen, die Wirklichkeit ein wenig zu schmücken. Ob er es geglaubt hat, weiß ich nicht, er nahm es schweigend zur Kenntnis, und es war offensichtlich, dass er sich bei mir nicht mehr wohl fühlte. Er wurde ganz einsilbig, trank noch ein Glas Kognak und verabschiedete sich. Ich habe ihn nicht mehr gesehen.

40 Als kurz darauf die Meldung durch die Tageszeitung ging, dass den französischen Staatsbahnen eine Lokomotive abhanden gekommen sei (sie sei eines Nachts vom Erdboden – genauer gesagt vom Rangierbahnhof – verschwunden), wurde mir natürlich klar, dass ich das Opfer einer unlauteren Transaktion geworden war. Deshalb begegnete ich auch dem Verkäufer, als ich ihn kurz darauf im Dorfgasthaus sah, mit zurückhaltender Kühle. Bei dieser Gelegenheit wollte er mir einen Kran verkaufen,

45 aber ich wollte mich auf ein Geschäft mit ihm nicht mehr einlassen, und außerdem, was soll ich mit einem Kran?

Stefan Schäfer: Kompetenztests Deutsch 9/10
© Auer Verlag – AAP Lehrerfachverlage GmbH, Donauwörth

⬇ Aufgabe 1

Kreuze an, was die folgenden Wörter bzw. Ausdrücke aus dem Verwendungszusammenhang im Text heraus bedeuten müssen.

a) „Anschein erwecken" (Z. 6)
☐ Verdacht hervorrufen
☐ Eindruck hervorrufen
☐ Misstrauen hervorrufen

b) „Katze im Sack kaufen" (Z. 7)
☐ etwas schnell kaufen
☐ etwas zu teuer kaufen
☐ etwas ungeprüft kaufen

c) „arglos" (Z. 14)
☐ vertrauensselig
☐ dumm, naiv
☐ uniformiert

d) „jeglicher Spekulation abhold" (Z. 20 f.)
☐ ohne Verdacht zu haben
☐ ohne Gewinn anzustreben
☐ ohne Vermutungen anzustellen

e) „einsilbig werden" (Z. 38 f.)
☐ abgehackt sprechen
☐ zu stottern beginnen
☐ wortkarg werden

f) „unlautere Transaktion" (Z. 42 f.)
☐ unkorrektes Geschäft
☐ heimliches Geschäft
☐ unvorteilhaftes Geschäft

⬇ Aufgabe 2

Welche Aussagen kommen sinngemäß im Text vor, welche nicht? Kreuze entsprechend an.

	Aussagen im Text „Eine größere Anschaffung"	richtig	falsch
a)	Der Erzähler kennt den Verkäufer der Lokomotive bereits von früher.		
b)	Der Erzähler hatte früher einmal einen Fesselballon besessen, der aber geplatzt war.		
c)	Der Verkäufer der Lokomotive liefert diese mit einem Kran noch am selbigen Abend an.		
d)	Die Lokomotive, die der Erzähler kauft, stammt vermutlich aus einem Diebstahl bei den französischen Staatsbahnen.		
e)	Der Verkäufer der Lokomotive bietet dem Verkäufer einige Zeit später einen Kran zum Kauf an.		

⬇ Aufgabe 3

Charakterisiere das Verhältnis zwischen dem Erzähler und seinem Vetter. Beachte hierbei, wie sich der Vetter gegenüber dem Erzähler verhält. Arbeite in deinem Heft.

⬇ Aufgabe 4

Welcher der beiden folgenden Aussagen würdest du eher zustimmen? Kreuze diese Aussage an und begründe deine Entscheidung stichwortartig.

Aussage 1	Aussage 2
Der Erzähler hat aus der „unlauteren Transaktion" mit dem Kran gelernt und wird künftig keine derartigen Geschäfte mehr machen. ☐ stimme ich eher zu	Der Erzähler hat aus der „unlauteren Transaktion" mit dem Kran nur bedingt gelernt. Es ist keinesfalls sicher, dass er künftig nichts Unsinniges mehr kaufen wird. ☐ stimme ich eher zu

Stefan Schäfer: Kompetenztests Deutsch 9/10
© Auer Verlag – AAP Lehrerfachverlage GmbH, Donauwörth

Begründung: _____

_____

_____

Aufgabe 5

Stelle realistische und unrealistische Handlungselemente tabellarisch gegenüber. Erläutere anschließend, welche Wirkung diese Verknüpfung von realistischen und unrealistischen Handlungselementen hat.

realistische Handlungselemente	unrealistische Handlungselemente

Wirkung: _____

Aufgabe 6

Welche Aussagen über die sprachliche Gestaltung des Textes treffen zu, welche nicht? Kreuze entsprechend an.

	Aussagen über die sprachliche Gestaltung des Textes	richtig	falsch
a)	Der Text ist in einem künstlerischen Stil (im Sinne von Funktionalstil) verfasst.		
b)	Der Text weist einen überwiegend einfachen Satzbau mit zahlreichen Parataxen auf.		
c)	Der Text ist in einem alltagssprachlichen Stil verfasst (keine gehobenen oder salopp-umgangssprachlichen Ausdrücke).		
d)	Der Text enthält nicht nur direkte, sondern auch indirekte Reden sowie einige Verbformen im Konjunktiv II.		

Aufgabe 7

Könnte man den Text deiner Meinung nach als Satire bezeichnen? Begründe deine Meinung.

_____

_____

_____

_____

_____

Stefan Schäfer: Kompetenztests Deutsch 9/10
© Auer Verlag – AAP Lehrerfachverlage GmbH, Donauwörth

Aufgabe 8

Bestimme die Wortart aller Wörter des folgenden Satzes (vgl. Z. 20). Bezeichne sie möglichst genau (statt „Adverb" z. B. „Modaladverb" oder statt „Pronomen" z. B. „Personalpronomen").

Wort	Wortart	Wort	Wortart
Bald		besuchte	
nach		mich	
dieser		mein	
Anschaffung		Vetter	

Aufgabe 9

Bestimme jeweils den Modus der markierten Formen und erkläre ihren Gebrauch.

a) „...als habe er es hier mit einem Experten zu tun, der nicht gewillt sei, die Katze im Sack zu kaufen." (Z. 6 f.)

Modus: _____   Funktion: _____

_____

b) „... dass den französischen Staatsbahnen eine Lokomotive abhanden gekommen sei (sie sei eines Nachts vom Erdboden – genauer gesagt vom Rangierbahnhof – verschwunden), ..." (Z. 40 ff.)

Modus: _____   Funktion: _____

_____

Sachtexte untersuchen

Checkliste

Kompetenzen:

Nr.	Ich kann ...	Aufgaben	– –	–	0	+	+ +
K₁	Leseerwartungen formulieren.	1					
K₂	Leseklippen in schwierigen Sachtexten überwinden.	2, 3, 4					
K₃	durch genaues Lesen ein erstes Textverständnis sichern.	5					
K₄	Fragen an einen Text richten und dadurch ein genaueres Textverständnis erlangen.	6					
K₅	Textmarkierungen vornehmen und so wichtige Textstellen hervorheben und Beziehungen zwischen Textstellen verdeutlichen.	7, 8					
K₆	für die Untersuchung eines Textes ergiebige Untersuchungsaspekte auswählen.	9					
K₇	einen Text unter dem Aspekt Sprache vertiefend untersuchen.	10					
K₈	einen Text unter dem Aspekt Aussageabsicht vertiefend untersuchen.	11					
K₉	einen Text unter dem Aspekt Argumentation vertiefend untersuchen und bewerten.	12					
K₁₀	einen nichtlinearen Text beschreiben.	13					
K₁₁	Kernaussagen eines nichtlinearen Textes erfassen.	14					
K₁₂	einen nichtlinearen Text kritisch hinterfragen und bewerten.	15					
K₁₃	Aussageabsichten von nichtlinearen Texten mit Aussageabsichten und Inhalten von linearen Texten in Beziehung setzen.	16					

Stefan Schäfer: Kompetenztests Deutsch 9/10
© Auer Verlag – AAP Lehrerfachverlage GmbH, Donauwörth

Kompetenzdarstellung

Einer genaueren **Analyse eines Sachtextes** geht zunächst die Texterschließung voraus.

Arbeitsschritte zum Erschließen eines Sachtextes:

Schritt 1:
- Leseerwartung formulieren: Ausgehend von Überschrift, Autor, Textsorte und Leseanlass klären: Welche Informationen kann der Text enthalten? Was will ich von dem Text wissen? Was könnte die Absicht des Textes sein?

Schritt 2:
- Text genau lesen, schwierige oder noch unverständliche Textstellen markieren

Schritt 3:
- Leseklippen überwinden
  - Bei schwierigen oder unbekannten Wörtern suchst du im Text nach Stellen, die Hinweise auf die mögliche Bedeutung enthalten, und erschließt so die Bedeutung.
  - Komplexe Sätze kannst du vereinfachen, indem du das Gefüge in mehrere Teilaussagen zerlegst.

Schritt 4:
- Inhaltsfragen an den Text richten: Arbeite für dich aus dem Text mithilfe der W-Fragen (Wer? Wo? Was? Wann? Wie? Warum? Mit welchen Folgen?) heraus, worum es geht.
- erstes Textverständnis formulieren (Gedanken zu Titel, Thema, Wirkung usw. des Textes)

Schritt 5:
- Textmarkierungen vornehmen
  - Textmarkierungen sollen dir nicht nur helfen, wichtige Inhalte schnell wiederzufinden, sondern sollen auch die Textstruktur verdeutlichen. Neben Unterstreichungen solltest du deshalb auch mit Pfeilen (um Verbindungen zwischen Textstellen zu verdeutlichen) und unterschiedlichen Farben (für unterschiedliche Themen, Positionen, Begriffsfelder, …) arbeiten.

Schritt 6:
- Bewertungsfragen an den Text richten: Welche Fragen werden beantwortet, welche dagegen nicht? Welche Fragen ergeben sich aus dem Text? Welche Absicht verfolgt der Autor mit seinem Text? Überzeugt der Aufbau/die Struktur des Textes? Wie ist die Sprache des Textes? …

Schritt 7:
- Leseergebnisse schriftlich festhalten (z. B. in Form von Randspaltennotizen, eines Konspektes/ einer Inhaltsübersicht, als Tabelle, …)

Wichtige **vertiefende Untersuchungsaspekte**, die sich z. T. auch gegenseitig ergänzen und bedingen können, sind:

Entfaltung des Themas
- induktive Form: geht von konkreten Fällen aus, aus deren Analyse eine allgemeine These entwickelt wird (bzw. der Leser eine Schlussfolgerung ziehen muss)
- deduktive Form: Ausgangspunkt ist die allgemeine These; Beispiele dienen dann der Bestätigung der These.

Aufbereitung der Information
- Konkretisierung (durch Beispiele, anschauliche Erklärungen, Bilder, Grafiken, …) oder Abstraktion (durch Thesen, logische Schlüsse, Begriffsanalysen, …)
- Menge und Dichte der Information (als Verhältnis von Textumfang und Information: Ein langer Text, der wenig Information bietet, ist meist ein schlechter Sachtext.)
- Nachvollziehbarkeit

Funktion bzw. Wirkungsabsicht des Textes
- Welches Ziel verfolgt der Autor mit dem Text? Woran ist das zu erkennen?
- Beachte, dass die Wirkungsabsicht nicht mit der tatsächlichen Wirkung übereinstimmen muss. Dies wäre dann ein weiteres Merkmal für einen schlechten bzw. misslungenen Text.

Leserlenkung
- Gliederung: Überschriften und Zwischenüberschriften, Absätze, Spiegelstriche, Nummerierungen, …
- Leseanreize durch bildhafte Formulierungen, Personalisierungen, alltagsnahe Beispiele, …
- rhetorische Taktiken wie Provokation, Übertreibung, Scheinalternativen, …

Stefan Schäfer: Kompetenztests Deutsch 9/10
© Auer Verlag – AAP Lehrerfachverlage GmbH, Donauwörth

Argumentation und **Argumentationsstruktur** (siehe dazu auch das Kapitel „Erörtern")
- zentrale These(n) und deren Begründung, Stützung durch Beispiele
- Begründungsverfahren (Autoritätsargumente, Faktenargumente, …)
- Manipulationstechniken, unseriöse Argumente
- Argumentationsstruktur (reihende, lineare Argumentation, dialektische Argumentation)

Sprachliche Gestaltung des Textes (siehe dazu auch das Kapitel „Sprachgebrauch und Stil")

> Ob und inwieweit die genannten Untersuchungsaspekte bei einer Analyse weiterführen, hängt auch von der Textsorte, zu der ein Sachtext zählt, ab. Grundsätzlich gilt, dass alles, was von der Erwartung, die man an eine spezielle Textsorte zu einem bestimmten Thema in einem bestimmten Medium hat, abweicht, analysewürdig ist.

Sachtexte werden manchmal durch sogenannte **nichtlineare** (auch: diskontinuierliche) **Texte**, also Grafiken, Tabellen, Schaubilder usw., ergänzt.

Solche **nichtlinearen Texte** kann man unter folgenden Aspekten untersuchen und beschreiben:
- Darstellungsart (Kreis-, Balken, oder Kurvendiagramm, Tabelle usw.)
- Überschrift des nichtlinearen Textes (oft zugleich das Thema)
- Quelle/Urheber des Diagramms, Entstehungszeitpunkt
- Maßeinheiten, Zahlenwerte (z. B. absolute Zahlen, Prozentangaben)
- Minimal- und Maximalwerte, wichtige Werte im Einzelnen

Ziel der Analyse sollte die Ermittlung der Gesamtaussage des nichtlinearen Textes (Was will der Text verdeutlichen?) und seine Bewertung (Enthält die Darstellung Fehler? Passt die Darstellungsart zum Inhalt? Berücksichtigt die Darstellung alle Aspekte eines Themas? Welche Fragen knüpfen sich an die Darstellung an?) sein.

Stefan Schäfer: Kompetenztests Deutsch 9/10
© Auer Verlag – AAP Lehrerfachverlage GmbH, Donauwörth

Übungsteil

Im Folgenden sollst du den Essay „Migration führt zu Konflikten" von Hans Magnus Enzensberger untersuchen. Dieser Text ist sehr anspruchsvoll und mit Sicherheit viel schwieriger zu verstehen, als die Texte, die dich in Prüfungen oder Tests erwarten. Du wirst aber sehen, dass selbst ein so schwerer Text mit den richtigen Techniken zu „knacken" ist. Und wenn du einmal bei einem Arbeitsschritt keine Ideen hast, greife auf die Lösungen zurück.

K₁ Aufgabe 1 (⋆)

Notiere zunächst in Form eines Ideensterns, welche Erwartungen du an einen Essay mit diesem Titel hast. Notiere auch Fragen, die zu dem Thema hast.

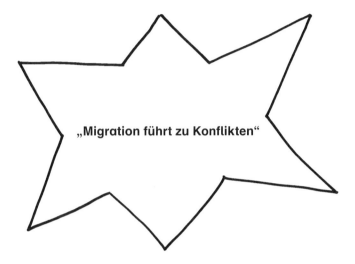

„Migration führt zu Konflikten"

K₂ Aufgabe 2 (⋆⋆)

Lies nun den Text und markiere dir unbekannte Wörter und unverständliche Textstellen. Mache dir anschließend aus dem Verwendungszusammenhang heraus klar, was die Fremdwörter bedeuten müssen. Kreuze die richtige Bedeutung an.

Hans Magnus Enzensberger: Migration führt zu Konflikten

Zwei Passagiere in einem Eisenbahnabteil. Wir wissen nichts über ihre Vorgeschichte, ihre Herkunft oder ihr Ziel. Sie haben sich häuslich eingerichtet, Tischchen, Kleiderhaken, Gepäckablagen in Beschlag genommen. Auf den freien Sitzen liegen Zeitungen, Mäntel, Handtaschen herum. Die Tür öffnet sich und zwei neue Reisende treten ein. Ihre Ankunft wird nicht begrüßt. Ein deutlicher Widerwille macht sich bemerkbar, zusam-
5 menzurücken, die freien Plätze zu räumen, den Stauraum über den Sitzen zu teilen. Dabei verhalten sich die ursprünglichen Fahrgäste, auch wenn sie einander gar nicht kennen, eigentümlich solidarisch. Sie treten, den Neuankömmlingen gegenüber, als Gruppe auf. Es ist ihr Territorium, das zur Disposition steht. Jeden, der neu zusteigt, betrachten sie als Eindringling. Ihr Selbstverständnis ist das von Eingeborenen, die den ganzen Raum für sich in Anspruch nehmen. Diese Auffassung läßt sich rational nicht begründen. Um so tiefer scheint sie
10 verwurzelt zu sein. Dennoch kommt es so gut wie nie zu offenen Auseinandersetzungen. Das liegt daran, daß die Fahrgäste einem Regelsystem unterliegen, das nicht von ihnen abhängt. Ihr territorialer Instinkt wird einerseits durch den institutionellen Code der Bahn, andererseits durch ungeschriebene Verhaltensnormen wie der Höflichkeit gebändigt. Also werden nur Blicke getauscht und Entschuldigungsformeln zwischen den Zähnen gemurmelt. Die neuen Fahrgäste werden geduldet. Man gewöhnt sich an sie. Doch bleiben sie, wenn auch in
15 abnehmendem Grade, stigmatisiert.
Dieses harmlose Modell ist nicht frei von absurden Zügen. Das Eisenbahnabteil ist ein transitorischer Aufenthalt, ein Ort, der nur dem Ortswechsel dient. Die Fluktuation ist seine Bestimmung. Der Passagier ist die Negation des Seßhaften. Er hat ein reales Territorium gegen ein virtuelles eingetauscht. Trotzdem verteidigt er seine flüchtige Bleibe nicht ohne stille Erbitterung. Jede Migration führt zu Konflikten, unabhängig davon, wovon
20 sie ausgelöst wird, welche Absicht ihr zu Grunde liegt, ob sie freiwillig oder unfreiwillig geschieht und

welchen Umfang sie annimmt. Gruppenegoismus und Fremdenhaß sind anthropologische Konstanten, die jeder Begründung vorausgehen. Ihre universelle Verbreitung spricht dafür, daß sie älter sind als alle bekannten Gesellschaftsformen. Um sie einzudämmen, um dauernde Blutbäder zu vermeiden, um überhaupt ein Minimum von Austausch und Verkehr zwischen verschiedenen Clans, Stämmen, Ethnien zu ermöglichen, haben alter-
25 tümliche Gesellschaften die Tabus und Rituale der Gastfreundschaft erfunden. Diese Vorkehrungen heben den Status des Fremden nicht auf. Sie schreiben ihn ganz im Gegenteil fest. Der Gast ist heilig, aber er darf nicht bleiben.

Nun öffnen zwei weitere Passagiere die Tür des Abteils. Von diesem Augenblick an verändert sich der Status der zuvor Eingetretenen. Eben waren sie noch Eindringlinge, Außenseiter, jetzt haben sie sich mit einem Mal in
30 Eingeborene verwandelt. Sie gehören zum Clan der Seßhaften, der Abteilbesitzer, und nehmen alle Privilegien für sich in Anspruch, von denen jene glauben, daß sie ihnen zustünden. Paradox wirkt dabei die Verteidigung eines angestammten Territoriums, das soeben erst besetzt wurde; bemerkenswert das Fehlen jeder Empathie mit den Neuankömmlingen, die mit denselben Widerständen zu kämpfen, dieselbe schwierige Initiation vor sich haben, der sich ihre Vorgänger unterziehen mußten; eigentümlich die rasche Vergesslichkeit, mit der das
35 eigene Herkommen verdeckt und verleugnet wird.

Ein Rettungsboot, das so viele Schiffbrüchige aufgenommen hat, daß seine Kapazitätsgrenze erreicht ist. Ringsum in stürmischer See schwimmen weitere Überlebende, denen der Untergang droht. Wie sollen sich die Insassen des Bootes verhalten? Die Hände des Nächsten, der sich an das Spülbord klammert, abhacken? Das ist Mord. Ihn aufnehmen? Dann sinkt das Boot mit allen Überlebenden. Dieses Dilemma gehört zum Standard-
40 Repertoire der Kasuistik. Den Moralphilosophen und allen anderen, die darüber verhandeln, fällt der Umstand, daß sie auf dem Trockenen sitzen, gar nicht weiter auf. Doch eben an diesem Als-Ob scheitern alle abstrakten Überlegungen, gleichgültig, zu welchem Schluß sie kommen. An der Gemütlichkeit des Seminars wird der beste Vorsatz zuschanden, weil kein Mensch glaubhaft angeben kann, wie er sich im Ernstfall verhalten würde.

Die Parabel vom Rettungsboot erinnert an das Eisenbahn-Modell. Sie ist eine extreme Zuspitzung. Auch hier
45 treten Reisende so auf, als wären sie Grundbesitzer, nur daß sich das angestammte Territorium, das sie verteidigen, in eine dahintreibende Nussschale verwandelt hat, und daß es nicht mehr um ein bißchen mehr Komfort, sondern um Leben und Tod geht. Es ist natürlich kein Zufall, daß das Gleichnis vom Rettungsboot im politischen Diskurs über die Große Wanderung wieder auftaucht, und zwar in Form einer Tatsachenbehauptung: „Das Boot ist voll." Daß dieser Satz faktisch nicht zutrifft, ist noch das Wenigste, was an ihm auszusetzen
50 wäre. Ein Blick auf die Umgebung genügt, um ihn zu widerlegen. Das wissen auch alle, die ihn im Munde führen. Es kommt ihnen nicht auf den Wahrheitsgehalt an, sondern auf das Phantasma, das er ausdrückt, und das ist allerdings erstaunlich. Offenbar wähnen viele Westeuropäer, daß sie sich in Lebensgefahr befinden. Sie vergleichen ihre Lage mit der von Schiffbrüchigen. Die Metapher wird sozusagen auf den Kopf gestellt. Es sind die Eingesessenen, die sich einbilden, sie wären *boat people* auf der Flucht, Auswanderer vom Zwischendeck
55 oder ausgehungerte Albaner auf einem überfüllten Geisterschiff. Die Seenot, die auf diese Weise halluziniert wird, soll vermutlich ein Verhalten rechtfertigen, das nur in extremen Situationen vorstellbar ist. Die abgehackten Hände aus der Parabel lassen grüßen.

a) „zur Disposition stehen" (Z. 7)
☐ zur Verfügung stehen
☐ zur Verteilung anstehen
☐ zur Abnahme bereitstehen

b) „stigmatisiert bleiben" (Z. 14 f.)
☐ stehen bleiben
☐ willkommen sein
☐ (als Eindringlinge) gekennzeichnet

c) „transitorischer Aufenthalt" (Z. 16 f.)
☐ vorübergehender Aufenthalt
☐ unangenehmer Aufenthalt
☐ dauerhafter Aufenthalt

d) „Empathie mit den Neuankömmlingen" (Z. 32 f.)
☐ Mitgefühl mit den Neuankömmlingen
☐ Vertrauen zu den Neuankömmlingen
☐ Hass auf die Neuankömmlinge

e) „Initiation" (Z. 33)
☐ Ideenfindung
☐ Vertrauensbildung
☐ Aufnahme in eine Gemeinschaft

f) „Kasuistik" (Z. 40)
☐ Urteilsfindung in den Rechtswissenschaften
☐ Lehre vom richtigen Verhalten in Einzelfällen
☐ Gemeinschaft von Logikern

g) „Phantasma" (Z. 51)
☐ Richtigkeit
☐ Trugbild
☐ Fantasie

Stefan Schäfer: Kompetenztests Deutsch 9/10
© Auer Verlag – AAP Lehrerfachverlage GmbH, Donauwörth

K₂ Aufgabe 3 (☆☆☆)

Lies noch einmal die folgenden Sätze in ihrem Kontext. Schreibe jeweils aus dem Text heraus, worauf sich das markierte Pronomen bezieht. Formuliere anschließend die Bedeutung der Sätze in deinen eigenen Worten. Löse, wenn nötig, die Satzgefüge auf.

a) „Das liegt daran, dass die Fahrgäste einem Regelsystem unterliegen, das nicht von ihnen abhängt. Ihr territorialer Instinkt wird einerseits durch den institutionellen Code der Bahn, andererseits durch ungeschriebene Verhaltensnormen wie der Höflichkeit gebändigt." (Z. 10–13)

Darauf bezieht sich das Pronomen „das": _____

Bedeutung des Satzes in eigenen Worten: _____

_____

_____

_____

b) „Um sie einzudämmen, um dauernde Blutbäder zu vermeiden, um überhaupt ein Minimum von Austausch und Verkehr zwischen verschiedenen Clans, Stämmen, Ethnien zu ermöglichen, haben altertümliche Gesellschaften die Tabus und Rituale der Gastfreundschaft erfunden." (Z. 23–25)

Darauf bezieht sich das Pronomen „sie": _____

Bedeutung des Satzes in eigenen Worten: _____

_____

_____

_____

K₂ Aufgabe 4 (☆☆)

Kläre weitere dir vielleicht unverständliche Wörter mithilfe eines (Fremd-)Wörterbuchs. Achte dabei jeweils auf den Sinnzusammenhang im Text.

K₃ Aufgabe 5 (☆☆)

Lies nun noch einmal den Text „Migration führt zu Konflikten" und überprüfe dein erstes Textverständnis, indem du ankreuzt, welche der folgenden Aussagen in dem Essay vorkommen bzw. nicht vorkommen.

a) Beim Eintreten neuer Fahrgäste in ein Abteil verhalten sich die bereits im Abteil sitzenden Menschen unsolidarisch.
☐ ja   ☐ nein

b) Neu eintretende Fahrgäste stoßen auf Ablehnung durch die Menschen, die sich bereits seit Längerem im Abteil aufhalten.
☐ ja   ☐ nein

c) Trotz Regelsystem und den Normen der Höflichkeit kommt es immer wieder zum ernsthaften Streit um Sitzplätze.
☐ ja   ☐ nein

d) Misstrauen gegenüber Fremden gehört nach Enzensberger zu den Grundeigenschaften der Menschen.
☐ ja   ☐ nein

e) Die Rituale und Tabus der Gastfreundschaft dienen dazu, das Misstrauen gegenüber Fremden zu kanalisieren.

☐ ja ☐ nein

f) Überlegungen über das eigene Verhalten in Extremsituationen anzustellen ist sinnlos, da niemand wirklich sagen kann, wie er sich verhalten würde.

☐ ja ☐ nein

g) In Westeuropa trifft die Tatsachenbehauptung „Das Boot ist voll" offensichtlich zu.

☐ ja ☐ nein

h) Der Satz „Das Boot ist voll" will den *boat people* erklären, weshalb sie keine Aufnahme in Westeuropa finden.

☐ ja ☐ nein

K₄ Aufgabe 6 (☆☆)

Im Folgenden findest du einige Fragen, die sich an den Text stellen lassen. Beantworte diese Fragen in kurzen, zusammenhängenden Sätzen. Du kannst aus dem Text zitieren.

a) Woran wird die Abneigung der Passagiere den Neuankömmlingen gegenüber im Bahnabteil deutlich. Warum kommt es zu keiner gröberen Auseinandersetzung?

_____

_____

_____

_____

_____

b) Was macht den ehemaligen Eindringling zum Teil der Gruppe? Was ist dabei an seinem Verhalten auffällig.

_____

_____

_____

_____

c) Welche Folgen hat Migration laut Enzensberger? Welche Ursachen nennt er dafür und welche Gegenmaßnahmen gibt es?

_____

_____

_____

_____

_____

Stefan Schäfer: Kompetenztests Deutsch 9/10
© Auer Verlag – AAP Lehrerfachverlage GmbH, Donauwörth

d) Weshalb ist der Satz vom „vollen Boot" (Z. 49) so problematisch in der politischen Diskussion über Einwanderungsbestimmungen?

_____

_____

_____

_____

_____

K₅ Aufgabe 7 $^{(**)}$

Lies nun noch einmal den Text „Migration führt zu Konflikten". Markiere wichtige Textstellen und verdeutliche inhaltliche Verknüpfungen zwischen Textstellen mit Pfeilen.

K₅ Aufgabe 8 $^{(*)}$

Vergleiche die „Parabel vom Rettungsboot" mit dem „Eisenbahnmodell". Worin ähneln sie sich, wie unterscheiden sie sich?

_____

_____

_____

_____

K₆ Aufgabe 9 $^{(***)}$

Lies in der Kompetenzdarstellung aufmerksam die Darstellung zu den vertiefenden Untersuchungsaspekten. Welche drei Aspekte sind aus deiner Sicht besonders ergiebig für den Essay „Migration führt zu Konflikten"? Begründe jeweils kurz deine Meinung.

_____

_____

_____

_____

_____

K₇ Aufgabe 10 $^{(**)}$

Charakterisiere kurz die Sprache, die Enzensberger in seinem Text verwendet.

_____

_____

_____

K₈ Aufgabe 11 (☆☆)

Welches Ziel/welche Absicht verfolgt Enzensberger mit seinem Text? Nenne diese Absicht und begründe deine Meinung.

K₉ Aufgabe 12 (☆☆)

Prüfe abschließend die Argumentation des Textes, indem du den Titel des Essays kritisch hinterfragst: Beweist Enzensbergers Argumentation wirklich, dass Migration zu Konflikten führt?

K₁₀ Aufgabe 13 (☆)

Lies den nachfolgenden nichtlinearen Text und beschreibe ihn anschließend stichwortartig unter den Aspekten Darstellungsart, Thema des Textes, Quelle, Entstehungszeitpunkt sowie Maßeinheiten bzw. Zahlenwerte.

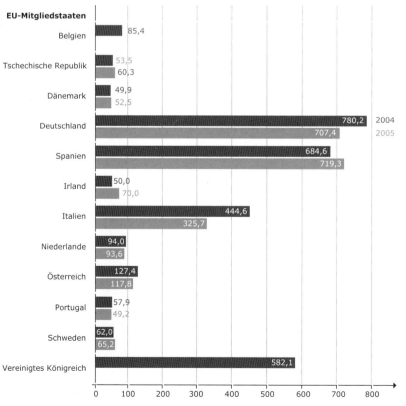

Zuwanderung in die EU-Mitgliedstaaten

2004 und 2005 (in 1.000 Personen)

EU-Mitgliedstaaten

Land	2004	2005
Belgien	85,4	
Tschechische Republik	53,5	60,3
Dänemark	49,9	52,5
Deutschland	780,2	707,4
Spanien	684,6	719,3
Irland	50,0	70,0
Italien	444,6	325,7
Niederlande	94,0	93,6
Österreich	127,4	117,8
Portugal	57,9	49,2
Schweden	62,0	65,2
Vereinigtes Königreich	582,1	

Quellen: nationale Schätzungen

Stefan Schäfer: Kompetenztests Deutsch 9/10
© Auer Verlag – AAP Lehrerfachverlage GmbH, Donauwörth

Kurzbeschreibung des Diagramms: _____

_____

_____

_____

K₁₁ Aufgabe 14 (☆)

Prüfe, ob du die Darstellung „Zuwanderung in die EU-Mitgliedstaaten 2004 und 2005" richtig lesen kannst, indem du ankreuzt, ob die folgenden Aussagen zutreffen oder nicht.

	Aussagen über das Diagramm „Zuwanderung in die EU-Mitgliedstaaten 2004 und 2005"	richtig	falsch
a)	Deutschland hatte im Jahr 2005 innerhalb der EU die größte Zuwanderung (absolut gesehen).		
b)	Spanien hatte im Jahr 2005 eine Zuwanderung von 719.300 Personen zu verzeichnen.		
c)	Die Zahl der zugewanderten Personen ist vom Jahr 2004 zum Jahr 2005 in allen Ländern ungefähr gleich geblieben (weniger als zehn Prozent Schwankung).		
d)	Österreich hatte von den kleineren Ländern (also nach Deutschland, Spanien, Italien und England) die größte Zuwandererrate von Migranten.		
e)	Aus der Grafik kann geschlossen werden, dass der Ausländeranteil in Österreich höher ist als zum Beispiel in den Niederlanden oder in Irland.		

K₁₂ Aufgabe 15 (☆☆☆)

Warum ist es vorschnell, anzunehmen, in Deutschland lebten die meisten Ausländer in der EU oder Deutschland nehme die meisten Migranten auf?

_____

_____

_____

K₁₃ Aufgabe 16 (☆☆☆)

Stellt deiner Meinung nach die Grafik „Zuwanderung in die EU-Mitgliedstaaten 2004 und 2005" eine sinnvolle Zusatzinformation zum Essay „Migration führt zu Konflikten" dar? Begründe deine Ansicht.

_____

_____

_____

_____

Stefan Schäfer: Kompetenztests Deutsch 9/10
© Auer Verlag – AAP Lehrerfachverlage GmbH, Donauwörth

Kompetenztest 5

Stéphane Hessel: Empört euch!

Mit einer Protestschrift gegen die Ungerechtigkeit in der Welt begeisterte ein 93-Jähriger ganz Frankreich. Eine Million Mal hat sich das knapp 20-seitige Heft bereits verkauft. Der Titel: „Indignez-vous!" – „Empört euch! Der Autor ist Stéphane Hessel, ehemaliger Résistance-Kämpfer gegen die deutsche Besetzung Frankreichs. Nach dem Krieg war er als Diplomat maßgeblich an der Ausarbeitung der „Allgemeinen Erklärung der Menschenrechte" beteiligt. Seit 2011 liegt das Werk auch auf Deutsch vor.

Die Gründe, sich zu empören, sind heutzutage oft nicht so klar auszumachen – die Welt ist zu komplex geworden. Wer befiehlt, wer entscheidet? Es ist nicht immer leicht, zwischen all den Einflüssen zu unterscheiden, denen wir ausgesetzt sind. […] Die Welt ist groß, wir spüren die globalen Abhängigkeiten, leben in Kreuz- und Querverbindungen wie noch nie. Um wahrzunehmen, dass es in dieser Welt auch

5 unerträglich zugeht, muss man genau hinsehen, muss man suchen. Ich sage den Jungen: Wenn ihr sucht, werdet ihr finden. „Ohne mich" ist das Schlimmste, was man sich und der Welt antun kann. Den „Ohne mich"-Typen ist eines der grundlegenden Merkmale des Menschen abhanden gekommen: die Fähigkeit zur Empörung und damit zum Engagement.

Zwei große neue Menschheitsaufgaben sind für jedermann erkennbar:

10 1. Die weit geöffnete und noch immer weiter sich öffnende Schere zwischen ganz arm und ganz reich. Das ist eine Spezialität des 20. und 21. Jahrhunderts. Die Ärmsten der Welt verdienen heute kaum zwei Dollar am Tag. Wir dürfen nicht zulassen, dass diese Kluft sich weiter vertieft. Allein schon dies heißt, sich zu engagieren.

2. Die Menschenrechte und der Zustand unseres Planeten. […]

15 Nach dem Ende des Zweiten Weltkriegs ging es ja darum, die Menschheit dauerhaft vom Gespenst des Totalitarismus zu befreien. Dazu musste erreicht werden, dass die UNO-Mitgliedstaaten sich zur Achtung dieser universellen Rechte verpflichteten – ein Weg, um das Argument der vollen Souveränität auszuhebeln, auf das sich ein Staat berufen konnte, der sich auf seinem Territorium Verbrechen gegen die Menschlichkeit leistete – siehe Hitler, der als Herr im Hause über Völkermord entschied. Ohne den

20 weltweiten Abscheu vor Nationalsozialismus, Faschismus, Totalitarismus […] wäre diese universelle Erklärung in dieser Form kaum zustande gekommen. […]

Ich möchte aus der »Allgemeinen Erklärung der Menschenrechte« den Artikel 22 zitieren: „Jeder hat als Mitglied der Gesellschaft das Recht auf soziale Sicherheit und Anspruch darauf, durch innerstaatliche Maßnahmen und internationale Zusammenarbeit sowie unter Berücksichtigung der Organisation

25 und der Mittel jedes Staates in den Genuss der wirtschaftlichen, sozialen und kulturellen Rechte zu gelangen, die für seine Würde und die freie Entwicklung seiner Persönlichkeit unentbehrlich sind." Und auch wenn diese Erklärung, da sie nicht völkerrechtlich verbindlich geworden ist, bloß deklaratorischen Charakter hat, ist sie dennoch seit 1948 nicht ohne Wirkung geblieben. Kolonialvölker haben sich in ihrem Unabhängigkeitskampf auf sie berufen, und sie hat den Freiheitskämpfern Mut gemacht. […]

30 Den jungen Menschen sage ich: Seht euch um, dann werdet ihr die Themen finden, für die Empörung sich lohnt. Ihr werdet auf konkrete Situationen stoßen, die euch veranlassen, euch gemeinsam mit anderen zu engagieren. Suchet, und ihr werdet finden! Ich wünsche jedem Einzelnen von euch ein eigenes Empörungsmotiv. Denn das ist kostbar. […]

Das im Westen herrschende materialistische Maximierungsdenken hat die Welt in eine Krise gestürzt,

35 aus der wir uns befreien müssen. Wir müssen radikal mit dem Rausch des „Immer noch mehr" brechen, in dem die Finanzwelt, aber auch Wissenschaft und Technik die Flucht nach vorn angetreten haben. Es ist höchste Zeit, dass Ethik, Gerechtigkeit, nachhaltiges Gleichgewicht unsere Anliegen werden. Denn uns drohen schwerste Gefahren, die dem Abenteuer Mensch auf einem für uns unbewohnbar werdenden Planeten ein Ende setzen könnten. […]

40 Wie soll ich diesen Aufruf zur Empörung beschließen? Indem ich noch einmal daran erinnere, was wir, die Veteranen der Résistance aus den Jahren 1940 bis 1945, am 8. März 2004 anlässlich des 60. Jahrestages der Verkündung des Programms des Nationalen Widerstandsrates sagten: „Der Nazismus ist besiegt worden dank dem Opfer unserer Brüder und Schwestern in der Résistance und der im Kampf gegen die faschistische Barbarei verbündeten Nationen. Doch die Bedrohung ist nicht voll-

45 ständig gebannt, und unser Zorn über die Ungerechtigkeit ist nicht gewichen."

Stefan Schäfer: Kompetenztests Deutsch 9/10
© Auer Verlag – AAP Lehrerfachverlage GmbH, Donauwörth

Nein, die Bedrohung ist nicht ganz gebannt. Und so rufen wir weiterhin auf zu einem wirklichen, friedlichen Aufstand gegen die Massenkommunikationsmittel, die unserer Jugend keine andere Perspektive bieten als den Massenkonsum, die Verachtung der Schwächsten und der Kultur, den allgemeinen Gedächtnisschwund und die maßlose Konkurrenz aller gegen alle.

50   Den Männern und Frauen, die das 21. Jahrhundert gestalten werden, rufe ich aus ganzem Herzen und in voller Überzeugung zu: „Neues schaffen heißt Widerstand leisten. Widerstand leisten heißt Neues schaffen."

Aufgabe 1

Lies den Text „Empört euch!" von Stéphane Hessel und erkläre, was die folgenden Textpassagen (und insbesondere die markierten Wörter) im Kontext bedeuten.

a) „Gespenst des Totalitarismus" (Z. 15 f.): _____

_____

_____

b) „um das Argument der vollen <u>Souveränität</u> auszuhebeln" (Z. 17 f.): _____

_____

_____

c) „auch wenn diese Erklärung … bloß <u>deklaratorischen</u> Charakter hat" (Z. 27 f.): _____

_____

_____

d) „Das im Westen herrschende <u>materialistische Maximierungsdenken</u>" (Z. 34): _____

_____

_____

Aufgabe 2

Welche Aussagen kommen sinngemäß im Text vor, welche nicht? Kreuze entsprechend an.

	Aussagen im Text „Empört euch"	richtig	falsch
a)	In unserer heutigen Welt spüren wir die globalen Abhängigkeiten, leben in Kreuz- und Querverbindungen wie noch nie.		
b)	Die Fähigkeit zur Empörung ist den Menschen nicht von Natur aus gegeben.		
c)	Zu den großen Aufgaben der Zukunft zählen die Überwindung der Kluft zwischen ganz arm und ganz reich, die Menschenrechte sowie der Zustand unseres Planeten.		
d)	Die „Allgemeine Erklärung der Menschenrechte" ist völkerrechtlich verbindlich und wurde von allen Staaten der Welt anerkannt.		

Aufgabe 3

Beantworte die folgenden Fragen zum Text.

a) Erkläre, warum für Hessels Empörung so wichtig ist. Achte dabei darauf, mit welchem zentralen Begriff er die „Empörung" verbindet.

_____

_____

_____

b) Welche Werte setzt Hessels dem „Immer noch mehr" der Finanzwelt, der Wissenschaft und der Technik entgegen?

_____

_____

_____

c) Nenne Hessels Vorbehalte gegen Massenkommunikationsmittel.

_____

_____

_____

_____

d) Erläutere den Zusammenhang zwischen der Résistance und dem aktuellen Aufruf Hessels zum Widerstand.

_____

_____

_____

_____

_____

⬇ Aufgabe 4

Bestimme die folgenden markierten Verbformen aus dem Text nach Tempus (Zeit), Modus (Indikativ, Konjunktiv I oder II, Imperativ) und Genus Verbi (Aktiv, Passiv).

a) „Wenn ihr sucht, <u>werdet</u> ihr finden." (Z. 5 f.)

_____

_____

Stefan Schäfer: Kompetenztests Deutsch 9/10
© Auer Verlag – AAP Lehrerfachverlage GmbH, Donauwörth

b) „Nach dem Ende des Zweiten Weltkriegs <u>ging</u> es ja darum, …" (Z. 15)

c) „Ohne den … Abscheu vor Nationalsozialismus … <u>wäre</u> diese universelle Erklärung … kaum zustande gekommen. (Z. 19 ff.)

d) „ Gefahren, die dem Abenteuer Mensch … ein Ende setzen <u>könnten</u>." (Z. 38 f.)

e) „Der Nazismus <u>ist besiegt worden</u> …" (Z. 42 f.)

⬆️ Aufgabe 5

Markiere in den folgenden Satzgefügen aus dem Text jeweils den Hauptsatz (bzw. die Hauptsätze).

a) Um wahrzunehmen, dass es in dieser Welt auch unerträglich zugeht, muss man genau hinsehen, muss man suchen.

b) Und auch wenn diese Erklärung, da sie nicht völkerrechtlich verbindlich geworden ist, bloß deklaratorischen Charakter hat, ist sie dennoch seit 1948 nicht ohne Wirkung geblieben.

c) Wir müssen radikal mit dem Rausch des „Immer noch mehr" brechen, in dem die Finanzwelt, aber auch Wissenschaft und Technik die Flucht nach vorn angetreten haben.

d) Und so rufen wir weiterhin auf zu einem wirklichen, friedlichen Aufstand gegen die Massenkommunikationsmittel, die unserer Jugend keine andere Perspektive bieten als den Massenkonsum, die Verachtung der Schwächsten und der Kultur, den allgemeinen Gedächtnisschwund und die maßlose Konkurrenz aller gegen alle.

Stefan Schäfer: Kompetenztests Deutsch 9/10
© Auer Verlag – AAP Lehrerfachverlage GmbH, Donauwörth

 **Erörtern**

Checkliste

Kompetenzen:

Nr.	Ich kann ...	Aufgaben	– –	–	0	+	+ +
K$_1$	einen Ausgangstext auf die ihm zugrunde liegende Streitfrage reduzieren.	1					
K$_2$	einen ersten Standpunkt zu einer strittigen Frage formulieren.	2					
K$_3$	Argumente in einfachen Statements erfassen.	3					
K$_4$	Argumente nach ihrer Bedeutung gewichten.	4					
K$_5$	Argumente einem Begründungsverfahren zuordnen.	5, 7					
K$_6$	eine Fragestellung und die in ihr verwendeten Begriffe analysieren.	6					
K$_7$	Argumente vor dem Hintergrund des ihnen zugrunde liegenden Begründungsverfahrens bewerten.	7					
K$_8$	zu Argumenten Gegenargumente finden bzw. vorgebrachte Argumente relativieren.	7					
K$_9$	meine erste Meinung zu einem Thema reflektieren und ggf. ändern.	8					
K$_{10}$	meinen Standpunkt sprachlich abwechslungsreich formulieren.	9					
K$_{11}$	meinen Standpunkt erörternd (argumentativ gestützt) schriftlich darlegen.	10					

Stefan Schäfer: Kompetenztests Deutsch 9/10
© Auer Verlag – AAP Lehrerfachverlage GmbH, Donauwörth

Kompetenzdarstellung

Eine **Erörterung** ist eine Auseinandersetzung mit einem Thema (eines Textes), die zur Lösung einer Kernfrage beiträgt. Dabei werden unterschiedliche Standpunkte beleuchtet und abgewogen. Bei Erörterungen ist zunächst zwischen **linearen** und **dialektischen Erörterungen** zu unterscheiden:

- Im Zentrum einer **linearen Erörterung** steht ein Thema oder eine Frage, das es auszuloten bzw. die es zu beantworten gilt. Der dem Thema zugrunde liegende Sachverhalt ist nicht strittig (z. B. „Welche Verantwortung hat die Wissenschaft gegenüber den Menschen?" – Es ist also nicht strittig, dass die Wissenschaft auch eine Verantwortung hat, sondern nur welche bzw. wie viel.).

- Im Zentrum einer **dialektischen Erörterung** steht ein strittiger Sachverhalt, zu dem es unterschiedliche Auffassungen und damit Pro- und Kontra-Argumente gibt (z. B. „Sollte der Verkauf von gentechnisch veränderten Lebensmitteln in Deutschland verboten sein?" – Diese Frage kann nur mit Ja oder Nein beantwortet werden.).

Dialektische Erörterungen haben folgenden **Aufbau**:

- **Einleitung:** Die Einleitung ist der Einleitung von linearen Erörterungen (siehe unten) vergleichbar. Je nach Aufgabenstellung kann es hier aber auch nötig sein, den strittigen Punkt schärfer zu formulieren, sodass die gegensätzlichen Positionen ganz deutlich werden (im Sinne einer Ja-/Nein-Frage).

- **Hauptteil:** Hier lassen sich zwei Möglichkeiten des Aufbaus unterscheiden:

These-Gegenthese-Modell	Sanduhr-Modell
Wechselnde Argumentation: Dabei wägst du nacheinander alle Pro- und Kontra-Argumente gegeneinander ab und stellst jeweils deine Sichtweise als die überzeugendere dar (z. B. „Es ist zwar verständlich, dass X. Andererseits muss, und das ist zentraler, auch Y betrachtet werden.").	Zweigeteilte Argumentation: Im ersten Teil widerlegst du zunächst alle Gegenargumente: wichtigstes Gegenargument (+ Widerlegung/kritische Hinterfragung) → wichtiges Gegenargument (+ Widerlegung) → weniger wichtiges Gegenargument (+ Widerlegung) Im zweiten Teil, zu dem du mit einem oder zwei Sätzen überleiten solltest, nennst du die Pro-Argumente, wobei du wieder mit dem schwächsten Argument beginnen und mit dem stärksten enden solltest: Argument 1 (weniger wichtig) → Argument 2 (wichtig) → Argument 3 (sehr wichtig)

- **Schluss**: Hier kannst du deine Meinung noch einmal zusammenfassend darstellen und einen Ausblick geben (z. B. darauf, wie sich das Problem in Zukunft und/oder unter veränderten Voraussetzungen darstellt). Du kannst die Fragestellung aber auch erweitern, neue Aspekte des Themas und seiner Lösung aufzeigen oder einen Appell an die Leser richten.

Lineare Erörterungen haben folgenden Aufbau:

- **Einleitung:** Hier kannst auf die Aktualität des Themas und/oder seine Bedeutung hinweisen. Dies kann auch durch ein konkretes Beispiel aus deinem Umfeld geschehen. Außerdem solltest du zum Hauptteil überleiten, z. B. dadurch, dass du deine Meinung formulierst.

- **Hauptteil:** Im Hauptteil begründest du deine Meinung und nennst nacheinander alle Argumente für deinen Standpunkt. Achte dabei darauf, dass du mit dem schwächsten Argument beginnst und mit dem stärksten endest: Argument 1 (weniger wichtig) → Argument 2 (wichtig) → Argument 3 (sehr wichtig) Achte außerdem darauf, dass du deine Argumente so gut es geht mit Beispielen (auch eigenen Erfahrungen) und Belegen (Fakten, Zitaten, Zahlen usw.) untermauerst.

- **Schluss:** siehe oben „Dialektische Erörterungen"

Schreibtipp: Lies jeden neu geschriebenen Absatz einmal durch, bevor du weiterschreibst. Auf diese Weise lassen sich nicht nur Fehler leichter korrigieren, sondern der Anschluss des neuen Gedankens gelingt besser und Wiederholungen können vermieden werden.

Arbeitsschritte zum Schreiben einer Erörterung:

Texterörterung	Freie Erörterung
Schritt 1: Textverständnis festhalten, Aufgabenstellung erfassen • Auffälliges, Interessantes, Widersprüchliches notieren • eigene Meinung mit Bezug auf die Aufgabenstellung formulieren	**Schritt 1:** Aufgabenstellung erfassen, Begriffe klären • Art der Frage identifizieren: Sachfrage, Wertfrage, Entscheidungsfrage, … • Begriffsanalyse • Fragen, Beispiele, Streitpunkte usw. notieren

Schritt 2: Text erschließend untersuchen
- Aufbau/Gliederung und Argumentation (zentrale Thesen)
- Intention und Wirkung des Textes
- Sprache des Textes

Schritt 3: eigene Position entwickeln
- These des Autors kontextualisieren und im Kontext reflektieren
- Werte (Intention) und Argumentation kritisch beurteilen
- eigene Position formulieren und mit Argumenten stützen

Schritt 2: Stoffsammlung erstellen
- Thema kontextualisieren (übergeordnete Zusammenhänge ermitteln, auf eigene Erfahrungen zurückgreifen, …)
- Cluster, Mindmap erstellen

Schritt 3: eigene Position entwickeln
- Stoffsammlungsergebnisse sichten, Mindmap überdenken
- zentrale Ideen prägnant formulieren
- nach ergänzenden Beispielen, Belegen, … suchen

Schritt 4: Gliederung erstellen
- Entscheidung für ein Argumentationsmodell (siehe oben)
- Stützung der Argumente durch Belege
- Einleitung und Schluss

Schritt 5: Erörterung schreiben

Schritt 6: Überarbeiten der Erörterung

Um sich ein strittiges Thema in seinem vollen Umfang, d. h. mit allen seinen Nebenaspekten, klarzumachen, ist es hilfreich, wenn man eine **Begriffsanalyse** durchführt, d. h. den Bedeutungsumfang des zentralen Begriffes bzw. der zentralen Begriffe eines Themas untersucht bzw. hinterfragt (z. B. „Sollten realistische Gewaltdarstellungen im Fernsehen verboten werden?": Was meint „realistisch" genau? Wer soll festlegen, was „realistisch" ist? Um welche Gewaltformen geht es? Ist auch psychische Gewalt gemeint? Warum nur im Fernsehen? Zu jeder Sendezeit?)

Eine **Argumentation** (bestehend aus These/Antithese, Argument und ggf. Beleg) kann in unterschiedlichen **Begründungsverfahren** zum Tragen kommen. Man unterscheidet:
- **Berufung auf Autoritäten:** Die These wird durch den Hinweis darauf gestützt, dass ein weithin anerkannter Experte bzw. eine sonst wichtige Persönlichkeit nachweisbar ebenfalls diese These vertritt.
- **Berufung auf Fakten:** Die These wird durch (nachweisbare) Fakten wie Forschungsergebnisse, Statistiken, feststehende Sachverhalte gestützt.
- **Berufung auf Normen:** Die These wird durch den Hinweis auf gesellschaftlich allgemein akzeptierte Wertmaßstäbe (= Normen) gestützt (z. B. die Zehn Gebote, die Menschenrechte).
- **Berufung auf Erfahrungen:** Die These wird durch den Hinweis auf (persönliche) Erfahrungen in vergleichbaren Fällen (bzw. desselben Falles z. B. in anderen Ländern) gestützt.
- **Berufung auf analoge Fälle:** Die These wird durch einen Vergleich mit einem Beispiel aus einem anderen Lebensbereich gestützt (z. B. „Wie man im Bereich X sieht, geht es einfach nicht ohne Y, also geht es auch bei uns im Bereich Z nicht ohne Y.").
- **logische Schlüsse:** Die These wird aus Voraussetzungen (= Prämissen) logisch abgeleitet.
- **indirekte Argumentation:** Die These wird dadurch gestützt, indem die Antithese entkräftet wird.

Eine Argumentation kann auch unseriös geführt werden, man spricht dann von **Manipulationstechniken:**
- **Ausweichtechnik:** Die Argumente des Gegners werden ignoriert, man weicht auf ein anderes (Teil-)Problem aus, d. h. man verlagert die Diskussion.
- **Dilemmatechnik:** Eine Scheinalternative wird aufgestellt, bei der man so tut, als gäbe es keine Zwischenlösung.
- **Unterstellungstechnik:** Dem Gegner werden bestimmte (negative) Absichten unterstellt, d. h. man zieht aus der These des Gegners bewusst falsche Schlüsse.
- **Übertreibungstechnik:** Die Aussagen des Gegners werden bewusst übertrieben und so ins Absurde, Lächerliche, Fantastische usw. gezogen.
- **Verwirrungstechnik:** Durch komplizierte Unterscheidungen und bewusste Problemvermischungen wird die gegnerische Position vernebelt.
- **Verdrehungstechnik:** Man gibt den Aussagen des Gegners bewusst einen falschen Sinn.
- **Verdrängungstechnik:** Begründungen bzw. Argumente des Gegners werden ignoriert. Die eigene Erwiderung beschränkt sich auf (unwichtige) Details.
- **Behauptungstechnik:** Man stellt Behauptungen auf, ohne sicher zu sein, dass sie auch stimmen oder – im schlimmsten Fall – von denen man weiß, dass sie nicht stimmen.

Stefan Schäfer: Kompetenztests Deutsch 9/10
© Auer Verlag – AAP Lehrerfachverlage GmbH, Donauwörth

Übungsteil

K₁ Aufgabe 1 (☆☆)

Lies die folgenden Stellungnahmen aus einem Internetforum. Formuliere die zentrale Streitfrage, die dieser Diskussion zugrunde liegt.

leacool meinte am 12.04.2011, 19:38 Uhr
Ich habe selbst zwei Tattoos und fünf Piercings und bin noch nicht an einer Infektion gestorben. Eine Infektion kann man sich übrigens auch im Krankenhaus oder beim Zahnarzt einfangen. Das Problem ist doch, dass Kinder zu Pfuschern gehen, wenn ihre Eltern ihnen z. B. ein Piercing verbieten. Man muss seinem Kind nicht alles durchgehen lassen, aber man kann ja Kompromisse eingehen. Also, liebe Eltern, seid toleranter, dann können die Kids zu einem professionellen Piercer gehen, bei dem das Infektionsrisiko praktisch null ist.

sven1983 meinte am 11.04.2011, 19:11 Uhr
Finde ich in Ordnung. Als Jugendlicher macht man schnell mal unüberlegte Sachen. Und Tattoos sind nun mal für immer.

zuckerschnecke meinte am 11.04.2011, 19:04 Uhr
Gut so! Meine jüngere Schwester (14!) hat sich vor zwei Monaten heimlich ein Zungenpiercing stechen lassen. Folge: Kieferbruch!

raducano17 meinte am 11.04.2011, 17:36 Uhr
Und wer kontrolliert eigentlich Intimpiercings bei jungen Mädchen??? Vielleicht Berlusconi[1] selber???

joecoolfirst meinte am 10.04.2011, 14:43 Uhr
Über den Sinn dieses Gesetzes kann man streiten. Kontrolle ja, Bevormundung nein. Ein Piercer oder Tätowierer mit Niveau würde sowieso nie jemanden unter 18 Jahren bearbeiten. Andererseits gibt es auch genug Ältere, die nicht reif dafür sind. Ich selbst betreibe seit 17 Jahren ein Tattoostudio, ich weiß, wovon ich rede. […]

loveme999 meinte am 10.04.2011, 14:22 Uhr
Ich bin ja nur gespannt, wann sie diesbezüglich bei uns nachziehen. Wie wäre es aber, wenn man vordergründig den Alkoholbezug und den Drogenbezug bei Jugendlichen so heftig bekämpfen würde – das würde sicher mehr Sinn ergeben!

alberich meinte am 09.04.2011, 19:33 Uhr
Sehr gutes Gesetz! Nieder mit den proletarischen Attributen (Piercing, Tattoo, Kampfhund, *bodenspuck*, *ey oida*)! Die Jugend soll lieber ordentlich lernen, statt sich zu verstümmeln!

oida11 meinte am 09.04.2011, 15:48 Uhr
Ich glaube nicht, dass das was bringt, denn ich könnte mir vorstellen, dass es dadurch nur zu einem Piercingtourismus kommen wird.

---

[1] Ehemaliger italienischer Ministerpräsident, dessen Sexaffären – wohl auch mit Minderjährigen – immer wieder Gegenstand der Boulevardpresse waren.

Zentrale Streitfrage: _____

_____

_____

K₂ Aufgabe 2 (☆)

Nimm spontan in Form eines Statements zur zentralen Streitfrage aus Aufgabe 1 Stellung. Versuche, deine Meinung auch sprachlich prägnant zu formulieren.

_____

_____

_____

_____

K₃ **Aufgabe 3** (✿✿)

Lies noch einmal die Stellungnahmen aus dem Internetforum. Liste dann die in den Stellungnahmen genannten Argumente nach Pro- und Kontra-Argumenten auf.

Pro-Argumente	Kontra-Argumente

K₄ **Aufgabe 4** (✿)

Markiere in der Tabelle aus Aufgabe 3 das Argument, das du für das gewichtigste hältst. Berücksichtige hierbei auch deine persönlichen Erfahrungen (bzw. die aus deinem Umfeld). Begründe deine Meinung.

_____

_____

_____

_____

_____

K₅ **Aufgabe 5** (✿✿)

Ordne die folgenden Argumente einem Begründungsverfahren zu.

a) Ärzteverbände und Wissenschaftler in aller Welt machen schon seit Jahren immer wieder auf die gesundheitlichen Risiken durch Piercings und Tätowierungen insbesondere bei Kindern aufmerksam. Sie fordern deshalb auch ein generelles Piercing- und Tätowierungsverbot bei Minderjährigen.

Begründungsverfahren: _____

b) Es gehört zu den allgemein anerkannten Aufgaben des Staates, die Gesundheit seiner Bürger zu schützen und zu bewahren. Wenn der Staat das für die Gesundheit gefährliche Piercing bei Kindern und Jugendlichen nicht verbietet, vernachlässigt er seine Pflicht gegenüber seinen Bürgern.

Begründungsverfahren: _____

Stefan Schäfer: Kompetenztests Deutsch 9/10
© Auer Verlag – AAP Lehrerfachverlage GmbH, Donauwörth

K₆ Aufgabe 6 (☆☆)

Untersuche die Fragestellung „Sollen Piercings und Tattoos bei Jugendlichen unter 18 Jahren verboten werden?" genauer, indem du (kritische) Fragen an das Thema formulierst (vgl. in der Kompetenzdarstellung den Aspekt „Begriffsanalyse"). Beachte: Es geht hierbei nicht darum, die Fragen auch zu beantworten; vielmehr soll dir das Stellen von Fragen helfen, Argumente zu finden.

Fragen: _____

_____

_____

_____

_____

K₅ K₇ K₈ Aufgabe 7 (☆☆☆)

Bewerte die folgenden Stellungnahmen unter dem Aspekt des ihnen zugrunde liegenden Begründungsverfahrens.

a) „Gut so! Meine jüngere Schwester (14!) hat sich vor zwei Monaten heimlich ein Zungenpiercing stechen lassen. Folge: Kieferbruch!"

Bewertung: _____

_____

_____

Erwiderung: _____

_____

_____

b) „Ich glaube nicht, dass das was bringt, denn ich könnte mir vorstellen, dass es dadurch nur zu einem Piercingtourismus kommen wird."

Bewertung: _____

_____

_____

Erwiderung: _____

_____

_____

K₉ Aufgabe 8 (☆)

Hat sich deine Meinung zur Frage, ob Piercings und Tattoos bei Jugendlichen unter 18 Jahren verboten werden sollen (vgl. Aufgabe 2), durch die intensivere Beschäftigung mit dem Thema geändert oder nicht? Präzisiere ggf. deine erste, spontane Einschätzung.

_____

_____

_____

K₁₀ Aufgabe 9 (✰✰)

Ergänze die folgende Übersicht um weitere Formulierungen bzw. Wörter und Ausdrücke.

Meinung/These	Ich vertrete die Position, ich bin der Meinung (Auffassung, Überzeugung, …),
Argument bzw. Begründung	Also, aus diesem Grund, die Begründung dafür lautet,
Einwand	Dagegen, man könnte einwenden,

K₁₁ Aufgabe 10 (✰✰✰)

Formuliere abschließend deinen Standpunkt zur Frage, ob Piercings und Tattoos bei Jugendlichen unter 18 Jahren verboten werden sollten. Arbeite in deinem Heft.

- Schließe an deine These (Meinung) mindestens zwei Argumente an. Beginne mit dem am wenigsten wichtigen und ende mit dem wichtigsten.
- Stütze, wenn möglich, deine Argumente mit Belegen.
- Formuliere einen Abschlusssatz zu deiner Argumentation, in dem du noch einmal verkürzt deine These (Meinung) darlegst und diese eventuell mit einer Forderung, einem Kompromissvorschlag o. Ä. verbindest.

Stefan Schäfer: Kompetenztests Deutsch 9/10
© Auer Verlag – AAP Lehrerfachverlage GmbH, Donauwörth

Kompetenztest 6

Umgang mit dem Handy

Viele Eltern sehen auch den Umgang ihrer Kinder mit dem Handy kritisch. Medienberichte weisen immer wieder auf die gesundheitlichen Risiken vor allem bei den kleinsten Vieltelefonierern hin. Aber nicht nur das: Handys haben großes Suchtpotenzial, leicht entsteht ein Zwang zum Telefonieren und Simsen. Dies lenkt die Kinder oft genug nicht nur von ihren Pflichten (zum Beispiel den Hausaufga-
5 ben) ab, sondern verhindert auch das Erlernen normaler Kommunikation. Schließlich verursacht das Handy erhebliche Kosten, immer wieder ist von der „Schuldenfalle Handy" zu hören und zu lesen. Dem steht gegenüber, dass für viele Kinder und Jugendliche das Handy tatsächlich zum unverzicht-baren Kommunikationsmittel geworden ist: Nicht nur für den berühmten Notfall, sondern gerade im Austausch mit Gleichaltrigen.
10 Es geht also darum, den Kindern einen vernünftigen Umgang mit diesem Kommunikationsmittel bei-zubringen und zugleich vorzuleben. Der eigene Umgang mit dem Handy ist dabei wichtiger als Strafen oder Drohungen: Wer selbst immer erreichbar sein will und ein gemeinsames Essen oder ein wichtiges Gespräch in der Familie unterbricht, weil das Mobiltelefon klingt, darf sich nicht wundern, wenn seine Kinder ebenso reagieren. Wer wegen jeder Belanglosigkeit („Welche Butter sollte ich noch mal kaufen,
15 Schatz?", „Du, ich komm dann fünf Minuten später!") zum Hörer greift, lebt damit seinen Kindern den falschen Umgang mit dem an sich ja sehr nützlichen und hilfreichen Medium vor.
Ein wichtiges Erziehungsmittel ist darüber hinaus das Geld: Nicht nur, um den Handy-Konsum der Kinder und Jugendlichen in vernünftigen Grenzen zu halten, sondern auch, um ihnen die tatsächli-chen Kosten der Vieltelefoniererei bewusst zu machen. Das muss nicht bedeuten, dass die Kinder die
20 Telefonkosten vollständig von ihrem Taschengeld tragen müssen. Je nach Alter, Taschengeld und den bisher übernommenen Kosten gibt es viele Zwischenformen, bei denen die Kinder entweder von vornherein einen bestimmten Prozentsatz der Kosten zu tragen haben oder sie ab einem verbrauchten Sockelbetrag an die zusätzlichen Kosten ganz oder teilweise selbst übernehmen müssen. In jedem Fall aber gilt, dass die Selbstbeteiligung für die Kinder spürbar sein sollte, ohne sie vollständig einzuengen.

Aus einer Infobroschüre „Jugendliche und elektronische Medien"

Aufgabe 1

Lies den Ratgebertext „Umgang mit dem Handy" und nenne stichwortartig die Gründe, weshalb viele Eltern den Umgang ihrer Kinder mit dem Handy kritisch betrachten.

_____

_____

_____

_____

Aufgabe 2

Formuliere in deinem eigenen Worten, weshalb Kinder und Jugendliche trotzdem ein Handy haben sollten.

_____

_____

_____

_____

Aufgabe 3

Fasse kurz zusammen, welche Ratschläge Eltern in dem Text erteilt werden.

_____

_____

_____

_____

Aufgabe 4

Erkläre, was mit dem Ausdruck „spürbar" (Z. 24) gemeint ist.

_____

_____

_____

_____

⬇ Aufgabe 5

Im Text finden sich zwei Substantivierungen. Schreibe sie heraus.

_____

⬇ Aufgabe 6

Bestimme das in den folgenden (Teil-)Sätzen unterstrichene Satzglied.

a) „Viele Eltern sehen auch den Umgang ihrer Kinder mit dem Handy kritisch." (Z. 1)

_____

b) „Medienberichte weisen immer wieder auf die gesundheitlichen Risiken vor allem bei den kleinsten Vieltelefonierern hin." (Z. 1 f.)

_____

c) „Dies lenkt die Kinder oft genug nicht nur von ihren Pflichten (zum Beispiel den Hausaufgaben) ab, ..." (Z. 4 f.)

_____

d) „Es geht also darum, den Kindern einen vernünftigen Umgang mit diesem Kommunikationsmittel beizubringen ..." (Z. 10 f.)

_____

Stefan Schäfer: Kompetenztests Deutsch 9/10
© Auer Verlag – AAP Lehrerfachverlage GmbH, Donauwörth

e) „Wer wegen jeder Belanglosigkeit ... zum Hörer greift, lebt damit seinen Kindern den falschen Umgang mit dem ... Medium vor." (Z. 14 ff.)

_____

f) „In jedem Fall aber gilt, dass die Selbstbeteiligung für die Kinder spürbar sein sollte, ohne sie vollständig einzuengen." (Z. 23 f.)

_____

Aufgabe 7

Formuliere eine Einleitung zu einer Erörterung zum Thema „Sinnvoller Umgang mit dem Handy".

_____

_____

_____

_____

_____

_____

_____

_____

_____

_____

Aufgabe 8

Welche Aussagen über Erörterungen und über das Argumentieren treffen zu, welche nicht? Kreuze entsprechend an.

	Aussagen über Erörterungen und Argumentieren	**richtig**	**falsch**
a)	Bei Erörterungen kann man zwischen dialektischen linearen und dialektischen Erörterungen, denen eine Entscheidungsfrage zugrunde liegt, unterscheiden.		
b)	Anders als bei der Texterörterung, bei der zunächst die Hauptaussage des vorgegebenen Textes dargestellt werden muss, bedarf es in freien Erörterungen keiner Einleitung.		
c)	In Erörterungen sollte man alle indirekten Argumente vermeiden und am besten mit reinen Fakten argumentieren.		
d)	Unter einem Faktenargument versteht man ein Argument, das auf überprüfbaren Sachverhalten wie Statistiken, Forschungsergebnissen usw. beruht.		

Stefan Schäfer: Kompetenztests Deutsch 9/10
© Auer Verlag – AAP Lehrerfachverlage GmbH, Donauwörth

Lösungen

1. Weil der Taugenichts in der Mühle seines Vaters nicht mithilft, wird er von diesem mit etwas Geld und der Aufforderung, sich sein eigenes Brot zu verdienen, von zu Hause weggeschickt. Mit guter Laune tritt er seinen Weg an und lässt alles hinter sich zurück.
2. Der Taugenichts erlebt „in der schönen Frühlingszeit" seinen Auszug sehr positiv (Sonnenschein, zwitschernde Vögel, „bunt vorüberfliegend(e)" Natur). Dies korrespondiert mit seinem inneren Erleben/seiner Stimmung (vgl. z. B. „Mir war es wie ein ewiger Sonntag im Gemüte.").
3. Offensichtlich ist der Taugenichts faul (er arbeitet im Hause seines Vaters nicht mit, er erhebt sich über die arbeitenden Bauern) und unbekümmert (optimistisch) bzw. naiv (er sorgt sich nicht um seine Zukunft).
4. Motive des Tagesanbruchs und des Frühlings (Es beginnt jeweils etwas Neues.)
5. Der Sprecher (das lyrische Ich) befindet sich in der „Einsamkeit" und in einer unwirtlichen Gegend („öden Wüsten", „wildes Kraut", „bemooste See"). Darüber hinaus denkt er über die schlechten Seiten des Menschseins nach („Pöbels Lüsten", „Mensch in Eitelkeit").
6. Gegensätze im Gedicht: „jenes Tal" – „dieser Felsen Höh"; „öde" – „fruchtbar"; „schön" – „Wüste", „wild", „Graus" usw.; „Einsamkeit" – „Palast", „Pöbels Lüsten"; „Eitelkeit" – „Geist, den Gott selbst hält".
7. Das lyrische Ich kommt über das „Beschauen" (V. 3) und „Betrachten" (V. 6: „Betrachten" hier als intensives, kontemplatives Schauen) ins Nachdenken (V. 11: „Entwerfen in dem Mut unzählige Gedanken"), bis es etwas erkennt (V. 13: „der eigentlich erkannt"). Das Gedicht beschreibt also einen „Erkenntnisweg", an dessen Ende der Sprecher mit der Welt (und Gott) versöhnt ist.
8. **a)** richtig; **b)** richtig; **c)** richtig; **d)** richtig; **e)** falsch
9. Beispiel: Das Gedicht „Einsamkeit" zeigt, dass man, wenn man sich trotz aller Widrigkeiten auf die Welt einlässt, zu einer wichtigen Erkenntnis kommen kann, nämlich der, dass die Welt von einem göttlichen Geist durchwoben ist bzw. gehalten wird.
10. Ein Konflikt deutet sich an in der Beziehung des Prinzen zu Gräfin Orsina, die er nicht mehr liebt (was sie offensichtlich noch nicht weiß). Der Prinz liebt nun Emilia Galotti (vgl. auch den Titel des Trauerspiels).
11. **a)** Über das äußere Erscheinungsbild erfährt man nichts. Der Prinz ist in seinem Verhalten fahrig und unentschlossen (will erst arbeiten, dann ausfahren, will den Brief lesen, dann doch nicht). **b)** Der Prinz scheint der oberste Herrscher des Landes zu sein (entscheidet über Bittgesuche und hat „Räte im Vorzimmer"). **c)** Er verhält sich gegenüber der Gräfin Orsina herzlos und nicht korrekt (beantwortet nicht, wie gewünscht, sofort den Brief). **d)** Er ist ganz auf Emilia Galotti fixiert und nimmt seine Arbeit nicht ernst (entspricht einem Bittgesuch, weil die Bittstellerin „Emilia" heißt).

1. **a)** falsch; **b)** richtig; **c)** richtig; **d)** falsch; **e)** richtig; **f)** richtig; **g)** falsch
2. **a)** Baumgarten hat Wolfenschießen mit einer Axt erschlagen, da dieser seine Frau verführen (sexuell nötigen) wollte. Konflikt zwischen Willkürherrschaft und dem Recht zur Selbstverteidigung; **b)** Konflikt zwischen dem Gebot der Hilfe (gegenüber einem unschuldig Verfolgten) und der (berechtigten) Sorge um das eigene Leben (Gefahr durch das Unwetter); **c)** Konflikt zwischen der Herrschaft durch ungerechte, willkürliche Machthaber und den Ansprüchen und Rechten des Volkes (Es wird nicht zuletzt durch die Racheaktion deutlich, dass der Konflikt zwischen Baumgarten und Wolfenschießen kein Einzelfall ist.)
3. Wichtiger als die korrekte Zuordnung ist hier die Begründung. Diese sollte erkennen lassen, dass die Aktfunktionen erfasst wurden. Tatsächlich gehört der Auszug zur Exposition, in der am Beispiel von Baumgarten der zentrale Konflikt entfaltet wird.
4. **a)** Objektsatz; **b)** Temporalsatz; **c)** Zwei Hauptsätze werden gereiht (nicht durch eine koordinierende Konjunktion miteinander verbunden).
5. Folgende Stellen solltest du markiert haben: führt das Ruder auch (= besondere Fähigkeit) – wackrer Tell – Weidgesellen (= Jäger, d. h. besondere Fähigkeit) – Retter … und … Engel
6. So wie das aufziehende Gewitter für Unheil in der Natur steht, droht Unheil durch die Willkürherrschaft. Beachtenswert sind hier außerdem die Schönheit der Landschaft und die eigentlich „harmonische" Stimmung (d. h. ohne die Fremdherrscher wäre es auch für die hiesigen Menschen schön und harmonisch).

1. **a)** Ich blieb stehen wie gebannt, musste schauen die rote Feder am Barett und wie das rote Bärtchen lustig auf- und niederging im schwarzen Gesichte. **b)** Gellend lachte der Grüne den Männern nach, aber gegen mich machte er ein zärtlich Gesicht und fasste mit höflicher Gebärde meine Hand. **c)** Ich wollte sie wegziehen, aber sie entrann dem Grünen nicht mehr; es war mir, als zische Fleisch zwischen glühenden Zangen.
2. **a)** Stelle 1: Es handelt sich um einen Erzählerkommentar, in dem das Geschehen vorausblickend bewertet wird (d. h. der Erzähler schöpft hier die Möglichkeiten des auktorialen Erzählens aus). **b)** Stelle 2: Hier handelt es sich um eine indirekte Rede ohne direkte Ansprache von Christine (also keine Anredepronomen).
3. Folgende Textstellen solltest du markiert haben: kam Christinen der Grüne immer weniger schreckhaft vor. Mit dem sei doch noch zu reden, dachte sie, und sie wüsste nicht, warum davonlaufen, sie hätte schon viel Wüstere gesehen. Der Gedanke kam ihr immer mehr: mit dem ließe sich etwas machen, und wenn man recht mit ihm zu reden wüsste, so täte er einem wohl einen Gefallen, oder am Ende könnte man ihn übertölpeln wie die andern Männer auch. – Da sah Christine wohl, dass er mit keinem andern Lohn sich werde begnügen wollen; aber es wuchs in ihr immer mehr der Gedanke: das wäre doch der Einzige, der nicht zu betrügen wäre. – Das gefiel Christine gar wohl. Sie wusste, dass es in geraumer Zeit kein Kind geben werde in ihrer Herren Gebiet. Wenn nun einmal der Grüne sein Versprechen gehalten und die Buchen gepflanzt seien, so brauche man

Stefan Schäfer: Kompetenztests Deutsch 9/10
© Auer Verlag – AAP Lehrerfachverlage GmbH, Donauwörth

ihm gar nichts mehr zu geben, weder ein Kind noch was anderes, man lasse Messen lesen zu Schutz und Trutz und lache tapfer den Grünen aus, so dachte Christine.

4. Christine bezwingt den Schrecken vor dem Teufel und hat das Gefühl, mit ihm reden und ihn betrügen zu können.

5. Beispiel: Der Grüne kam mir immer weniger schreckhaft vor. Mit dem ist doch noch zu reden, dachte ich, und am Ende kann man ihn sogar übertölpeln. Mir war klar, dass er sich mit keinem andern Lohn als einem ungetauften Kind wird begnügen wollen; aber ich dachte mir, dass er doch nicht der Einzige sei, der nicht zu betrügen ist. Und wenn nun einmal der Grüne sein Versprechen gehalten und die Buchen gepflanzt sind, so braucht man ihm gar nichts mehr zu geben, weder ein Kind noch was anderes. Wir lassen Messen lesen zum Schutz und lachen tapfer den Grünen aus.

6. **a)** Nein, mit dem kann man doch reden! Außerdem habe ich schon wüstere Männer gesehen. Irgendwas muss sich da doch machen lassen, wenn man nur recht mit ihm redet. Und am Ende wird er sich übertölpeln lassen wie alle Männer. Ganz sicher bin ich mir da! **b)** Das hört sich doch sehr gut an. In der nächsten Zeit wird ja bei uns überhaupt kein Kind geboren. Soll der doch erst einmal die Buchen pflanzen, dann sind wir unsere Sorgen los. Und wir geben dann dem Teufel gar nichts. So ein Dummkopf! Wir lassen, wenn es soweit ist, einfach Messen lesen zum Schutz!

7. **a)** Zum einen haben sich die Männer vor dem Teufel gefürchtet, zum anderen aber wohl auch erkannt (bzw. geahnt), dass von der Verkörperung des Bösen nichts Gutes kommen kann. **b)** Die Männer könnten zumindest ahnen, was tatsächlich vorgefallen ist, nämlich dass der Teufel Christine umschmeichelt hat und Christine darauf hereingefallen ist (in dem Sinne, dass sie glaubt, der Grüne sei wie alle anderen).

8. Hier gibt es zahlreiche Gestaltungsmöglichkeiten. Zentral ist jeweils, dass die Männer ihr furchtsames Verhalten rechtfertigen und zugleich Christine Vorwürfe machen. Christine ihrerseits wird ihre Überlegungen als die einzig vernünftigen angesichts der bedrohlichen Situation der Bauern darstellen.

9. Auch hier gibt es zahlreiche Gestaltungsmöglichkeiten, wobei man insbesondere die Äußerungen des Teufels weitgehend übernehmen kann. Weggelassen muss dagegen der Erzählerkommentar (Z. 1 f.). Als Wendepunkt eignet sich Z. 5 f. („als zische Fleisch zwischen glühenden Zangen."). Enden könnte der Paralleltext entweder mit einer klaren Ablehnung des Vorschlags des Teufels durch Christine oder aber mit dem aus Angst gegebenen Versprechen Christines, den Vorschlag des Teufels noch einmal mit den Männern zu besprechen.

Kompetenztest 2

1. Erzählform: Er-Erzähler; Erzählverhalten: auktorial

2. **a)** verliebt sein, erste Zärtlichkeiten austauschen; **b)** jemandem scharfe Vorwürfe machen, negativ über etwas reden; **c)** wohin die Gedanken gehen/fliegen

3. **a)** richtig; **b)** falsch; **c)** richtig; **d)** falsch; **e)** richtig; **f)** richtig; **g)** falsch

4. **a)** Subjekt: Eine geheime Bestellung; Prädikat: entrüstete; **b)** Subjekt: er; Prädikat: stand; **c)** Subjekt: Jeronimo; Prädikat: glitt

5. Inhaltliche Aspekte: Bitte um Verzeihung wegen des Unglücks, das er über die Familie und insbesondere über Donna Josephe gebracht hat; seine eigene Verzweiflung über Josephes Schicksal und sein Wunsch, deshalb zu sterben; ggf. Beteuerung, dass er und Josephe sich wirklich geliebt haben; formale Aspekte: Ich-Perspektive, Nennung von Ort und Jahreszahl (genaues Datum kann erfunden werden), Anrede, Schlussgruß und Unterschrift

6. Inhaltliche Aspekte: Überraschung über die plötzliche Freiheit; Gedanken an Josephe und ihr Schicksal; erste Gedanken daran, Josephe zu suchen; formale Aspekte: Ich-Perspektive, Präsens, am Mündlichen orientierte Sprache, Orientierung am Original (d. h. nicht zu salopp)

7. Jeronimo will sich gerade das Leben nehmen, als das Erdbeben einsetzt, wobei der Pfeiler, an dem er sich aufhängen wollte, ihm nun zur (möglicherweise lebensrettenden) Stütze wird.

Analytisch-interpretierendes Schreiben

1. Außer auf den Inhalt bzw. die Thematik können sich deine ersten Eindrücke z. B. auch auf die formale Gestaltung oder die Motive beziehen.

2. Das Gedicht beschreibt die Klage einer Spinnerin, die beim Gesang der Nachtigall an ihren ehemaligen Geliebten denkt und sich ihn zurückwünscht.

3. Beispiel: Es handelt sich bei dem Gedicht um die Klage eines verlassenen Mädchens, das seinen Verlust in einfachen, immer wiederkehrenden Sätzen und mit immer ähnlichen Worten beschreibt. Bei dem Gedicht könnte es sich um ein Volkslied handeln.

4. **a)–c)** Am Anfang des Gedichts wird in die Situation des lyrischen Ich eingeführt (die Liebe zu einem Mann; dies war „vor langen Jahren"). An diese Liebe denkt die Sprecherin am Gedichtanfang ebenso wie am Gedichtende. Charakteristisch für die Situation des lyrischen Ich ist das Verhaftetsein in dieser Erinnerung.

5. **a)** dreihebiger Jambus in einem eingängigen, fast monotonen Rhythmus (vgl. die Gedichtform „Lied"). Der eingängige Rhythmus wird dabei durch die Reimstruktur und die vielen Wiederholungen gestützt; **b)** umarmende Reime (abba), wobei die a-Reime stets weiblich (also mit unbetonter Silbe), die b-Reime stets männlich (also mit betonter Silbe) enden; **c)** Lied: sechs vierzeilige Strophen, in denen nur wenige Sätze variiert werden (z. B. „Da wir zusammen waren.", „Als wir zusammen waren,", „Wie wir zusammen waren."); eingängige, gleichförmige Klanggestalt

6. Das Gedicht ist bestimmt von Motiven der Romantik („Nacht", „Musik"), wie bereits der Titel „Nachtlied" andeutet. Mit der „Nacht" korrespondieren die „Nachtigall" und der „Mond", mit der „Musik" die Gedichtform Lied und der „Schall" der Nachtigall. Bestimmend ist weiter die Sehnsucht der Spinnerin nach ihrem Geliebten über „lange Jahre" hinweg sowie die Gefühlsbetontheit (die Erinnerung der Spinnerin, ihr „Herz"). Auffällig ist außerdem die dreifache Wiederholung „klar und rein".

Stefan Schäfer: Kompetenztests Deutsch 9/10
© Auer Verlag – AAP Lehrerfachverlage GmbH, Donauwörth

7. Eine mögliche Interpretationshypothese könnte lauten: Es handelt sich um die Klage eines verlassenen Mädchens, das den Verlust ihres Geliebten betrauert. Die auf den ersten Blick schlichte, liedhafte Form ist sehr genau durchgeformt durch Reim, Metrum, Wort- und Satzwiederholungen. Das Gedicht weist typische Motive der Romantik auf (Liebe, Nacht, Musik).

8./9. Die Gliederung ist insgesamt gelungen. Es gibt einen „roten Faden", wesentliche Aspekte des Gedichts werden erfasst. Verbessern lässt sich die Analyse allerdings im Detail. So bleibt unerwähnt, dass es sich bei der Spinnerin um ein Rollen-Ich handelt. Es wird zwar erwähnt, dass sich Verse variiert wiederholen, aber nicht klar genug herausgestellt, welche Verse „einmalig" und damit besonders beachtenswert sind (z. B. „Es sang vor langen Jahren"). Das Motiv der Klar- und Reinheit bleibt unberücksichtigt, die Modalausdrücke „wohl" in den Z. 2, 3 und 14 bleiben unbeachtet, … Man hätte hier also noch genauer am Text arbeiten können.

10. Hier kannst du dich am Schreibplan aus Aufgabe 8./9. (samt Lösung) orientieren. Wichtig ist zunächst einmal, dass du das Schreiben selbst übst und zu eigenen Formulierungen findest. Wenn du darüber hinaus noch eigene Gedanken zu dem Gedicht von Clemens Brentano einbringen kannst, dann ist dies natürlich umso besser.

Kompetenztest 3

1. **a)** falsch; **b)** richtig; **c)** richtig; **d)** richtig; **e)** falsch
2. Den Erzählauftakt bildet ein Erzählerkommentar (im Präsens), der die Bewertung (bzw. Interpretation) der Geschichte bereits vorwegnimmt.
3. Der Handwerksbursche ist zunächst neidisch auf den vermeintlichen Herrn Kannitverstan. Er bedauert außerdem sich selbst und sein Leben. Erst als er schließlich meint, Kannitverstan sei gestorben, merkt er, dass es ihm selbst gar nicht so schlecht geht.
4. In der Einleitung heißt es, dass jeder Mensch „zufrieden werden kann mit seinem Schicksal" (Z. 2 f.). Der Handwerksbursche, der zunächst neidisch auf Herrn Kannitverstan ist und sich selbst und sein Leben bedauert, erkennt am Schluss der Geschichte, dass auch der vermeintliche Herr Kannitverstan sein Schicksal hatte, um das er nicht zu beneiden war. Er merkt auch, dass es ihm selbst gar nicht so schlecht geht.
5. Kalendergeschichte. Es handelt sich um eine kürzere Erzählung, der eine „merkwürdige Begebenheit" zugrunde liegt und die zugleich unterhalten und belehren will. Neben der Moral im eigentlichen Sinne erfahren die (damaligen) Leser auch etwas über Amsterdam. Wie in vielen Kalendergeschichten, gibt es außerdem Erzählerkommentare.
   Auch wenn du nicht die korrekte Lösung gefunden hast, kann deine Antwort dennoch viel Richtiges enthalten, wenn du Merkmale anderer Textsorten an der Geschichte von Hebel richtig nachgewiesen hast.
6. **a)** falsch; **b)** falsch; **c)** richtig; **d)** richtig; **e)** falsch
7. Der Mensch hat wohl täglich Gelegenheit, in Emmendingen und Gundelfingen so gut als in Amsterdam, Betrachtungen über den Unbestand aller irdischen Dinge anzustellen, wenn er will, und zufrieden zu werden mit seinem Schicksal, wenn auch nicht viel gebratene Tauben für ihn in der Luft herumfliegen.
8. **a)** Aber auf dem seltsamsten Umweg kam ein Handwerksbursche, der aus Deutschland stammte/war, in Amsterdam durch den Irrtum zur Wahrheit und zu ihrer Erkenntnis. **b)** Er fragte endlich einen: „Wie heißt der glückliche Mann, dem das Meer alle diese Waren an das Land bringt?" **c)** Wem vom Meer solche Reichtümer an das Land geschwemmt werden, … **d)** Jetzt ergriff unseren Fremdling ein wehmütiges, an keinem guten Menschen vorübergehendes Gefühl, … **e)** … die holländische Leichenpredigt, von der er kein Wort verstand, rührte ihn mehr als manche deutsche, …

Sprachgebrauch und Stil

1. Es handelt sich um Adverbien (bzw. adverbial gebrauchte Adjektive) der Modalität, wodurch die Aussagen bewusst vage gehalten werden.
2. **a)** Antonyme: herumvagabundieren, ausreißen, davonrennen, abdampfen, fortgondeln, entlaufen, fortgehen – Synonyme: daheimbleiben, verharren, herumlungern, sich aufhalten; **b)** der eine, der andere; Ersterer, Letzterer; Offensive, Verteidigung; Ausland, Haus
3. Der Text ist reich an Auffälligkeiten, sodass du auch andere Merkmale gefunden haben kannst. Besonders auffällig ist die häufige Verwendung des Konjunktivs („gehabt hätte", „würde", „stehe" usw.). Weitere Merkmale: viele Nominalisierungen („der Erste", „nichts Gescheiteres", „das Fortlaufen", „sein Daheimbleiben" usw.) und Nomen (z. B. „Tüchtigkeit, Ordentlichkeit, Artigkeit und Nützlichkeit", die zugleich antonym zur „Leichtlebigkeit" sind) sowie ein teilweise gehobener Wortschatz (z. B. „voneinander abstachen", „Leichtlebigkeit", „Obliegenheiten")
4. Der Satzbau ist überwiegend komplex (viele lange Sätze, z. B. Z. 25–27), wobei auch einzelne kürzere Sätze vorkommen (z. B. Z. 33 ff.). Auffällig ist der Kurzsatz „Selige Tränen." (Z. 34), der zugleich elliptisch ist. Die Sätze sind oft sehr attributreich (auch durch die Appositionen, vgl. z. B. Z. 25–27).
5. **a)** richtig; **b)** falsch; **c)** richtig; **d)** falsch
6. **a)** Vergleich, Alliteration; **b)** Litotes; **c)** Hyperbel; **d)** Chiasmus; **e)** Parallelismus; **f)** Ellipse, Oxymoron; **g)** Klimax; **h)** rhethorische Frage; **i)** Alliteration; **j)** Anapher, Alliteration
7. Dass Walser die Geschichte negativ einschätzt, zeigt sich schon dadurch, dass er sie sehr distanziert wiedergibt (auffällig ist neben der Verwendung zahlreicher Modalausdrücke auch die häufige Verwendung des Konjunktiv II). Im Verlauf der Erzählung wird das Geschehen zunehmend kommentiert bzw. bewertet (z. B. durch rhetorische Fragen und ironische Kommentare).
8. Eine Veränderung findet insofern statt, als sich der Erzähler in Z. 51 nennt und ab dieser Stelle auch direkt kommentiert.
9. Nominalisierungen: der Erste, nichts Gescheiteres, das Fortlaufen, sein Daheimbleiben, …; mehrgradige Attribute: im Zustand abwartender Verteidigung, Abbild vollkommener Herabgekommenheit, zerlumpt und abgezehrt , geringer schwacher Abglanz vom allgemeinen Glanze, …; Abstrakta: Obliegenheit, Nützlichkeit, Zufriedenheit, Vergnügtheit, Fröhlichkeit, Geneigtheit, …
10. Auszug 1: Der Text ist einem historischen (Dativ-e, veraltete bzw. gehobene Wörter wie „Umwohner" oder „Frauenantlitze") und metaphorischen (sehr attributreich, anschauliche und bildhafte Sprache, z. B. „jedes der unzähligen kleinen Fältchen war eine Güte und eine Freundlichkeit") Stil geschrieben. Der Satzbau ist hypotaktisch.

Stefan Schäfer: Kompetenztests Deutsch 9/10
© Auer Verlag – AAP Lehrerfachverlage GmbH, Donauwörth

11. Der Text passt stilistisch besser zu Auszug 1: historischer Stil (Wortwahl, aber auch Satzstellung, z. B. „an der Sonne ihres Lebens sich zu freuen" statt „sich ihres Lebens an der Sonne zu freuen"), zahlreiche Attribute; auffällig sind die vielen sprachlichen Bilder (metaphorischer Stil, z. B. „in klarer Majestät", „Aus vergoldetem Waldessaume", „in perlendem Grase").

12. Zentrales Stilmittel im Text ist das der Übertreibung, das sich fast an jeder Textstelle nachweisen lässt (z. B. „Donnerstag, unser Wochenende beginnt"). Daneben finden sich auch ironische Elemente (z. B. „Das beruhigt ihn sehr.") und parodistische bzw. karikaturistische Stellen (immer dort, wo von einem normalen Prüfungsgespräch unrealistisch abgewichen wird).

Kompetenztest 4

1. a) Eindruck hervorrufen; b) etwas ungeprüft kaufen; c) vertrauensselig; d) ohne Vermutungen anzustellen e) wortkarg werden; f) unkorrektes Geschäft

2. a) falsch; b) richtig; c) falsch; d) richtig; e) richtig

3. Der Erzähler hält seinen Vetter für einen „unausstehlichen Menschen", der alles besser weiß. Der Vetter seinerseits verhält sich gegenüber dem Erzähler herablassend und besserwisserisch (z. B. „Kartoffelkraut", die Qualität des Kognaks). Immerhin aber besucht der Vetter den Erzähler und will dort sogar übernachten (Beachte: Der Vetter wird nicht etwa eingeladen, über Nacht zu bleiben, sondern beschließt dies von sich aus.). Das Verhältnis der beiden ist gespannt, was nicht zuletzt daran liegt, dass der Vetter sich nüchtern und sachlich verhält, während der Erzähler über die praktische Seite seines Tuns nur bedingt nachdenkt (sonst würde er keine Lokomotive kaufen) und seiner Fantasie freien Lauf lässt (die Erzählung von der nächtlichen Fahrt ins Krankenhaus).

4. Aussage 2 ist plausibler, da der Erzähler bereits die Lokomotive in dem Wissen erwarb, dass ihm leicht auch Nutzloses verkauft werden kann (die rhetorische Frage, was er mit einem Kran solle, hätte er auch beim Kauf der Lokomotive stellen können). Es kommt hinzu, dass er nur bedingt praktisch denkt.

5. Es ist z. B. unrealistisch, im Wirtshaus eine Lokomotive zu kaufen (realistisch ist dagegen das Verkaufsgespräch selbst) oder eine Lokomotive ins Haus nehmen zu wollen (realistisch dagegen die Überlegung, dass das Haus einstürzen würde). Dadurch, dass unrealistische Handlungselemente realistischen gegenübergestellt werden, wird die Geschichte lustig.

6. a) richtig; b) falsch; c) falsch; d) richtig

7. Die Erzählung weist stark satirische Züge auf, indem sie die Gutgläubigkeit bzw. Naivität mancher Menschen beim Abschluss von Geschäften darstellt. (Natürlich braucht ein Mensch normalerweise zu Hause keine Lokomotive, andererseits besitzen die meisten Menschen wohl zahlreiche Dinge, die sie eigentlich nicht brauchen.) An mehreren Stellen wird außerdem das Stilmittel der Übertreibung verwendet und ein Kontrast zwischen Dingen aufgebaut, die man braucht bzw. nicht braucht (kontrastiv angelegt sind außerdem der Ich-Erzähler und sein Vetter).

8. Bald: Temporaladverb; nach: Präposition; dieser: Demonstrativpronomen; Anschaffung: Nomen; besuchte: Verb; mich: Reflexivpronomen; mein: Possessivpronomen; Vetter: Nomen

9. a) Modus: Konjunktiv I; Funktion: Kennzeichnung des Irrealis (Tatsächlich ist der Erzähler kein Experte und kauft gleichsam eine Katze im Sack.); b) Modus: Konjunktiv I; Funktion: Kennzeichnung der indirekte Rede (Es wird wiedergegeben, was in der Zeitung stand.)

Sachtexte untersuchen

1. Welche Fragen du zu dem Thema bzw. welche Erwartungen du an den Text hast, musst du letztlich selbst wissen. Auf jeden Fall würde man erwarten, dass der Text begründet, warum Migration zu Konflikten führt und dies mit Beispielen oder Sachinformationen belegt. Dass schon im Titel des Essays zwei Fremdwörter vorkommen, lässt außerdem darauf schließen, dass der Text möglicherweise nicht ganz leicht zu verstehen sein wird.

2. a) zur Verteilung anstehen; b) (als Eindringlinge) gekennzeichnet; c) vorübergehender Aufenthalt; d) Mitgefühl mit den Neuankömmlingen; e) Aufnahme in eine Gemeinschaft; f) Lehre vom richtigen Verhalten in Einzelfällen; g) Trugbild

3. a) das: dass es so gut wie nie zu offenen Auseinandersetzungen kommt; Bedeutung des Satzes in eigenen Worten (Beispiel): Fahrgäste unterliegen einem Regelsystem, das nicht von ihnen abhängt. Deshalb kommt es so gut wie nie zu offenen Auseinandersetzungen. Das Regelsystem besteht zum einen aus den Vorschriften, die für Bahnreisende gelten (die „Hausordnung" der Bahn), zum anderen aus allgemeinen Höflichkeitsregeln. b) sie: Gruppenegoismus und Fremdenhaß; Bedeutung des Satzes in eigenen Worten (Beispiel): Altertümliche Gesellschaften haben die Tabus und Rituale der Gastfreundschaft erfunden. Dadurch werden Gruppenegoismus und Fremdenhass eingedämmt. Auf diese Weise können Blutbäder vermieden und der Austausch und Verkehr zwischen verschiedenen Stämmen ermöglicht werden.

4. Hier kommt es vor allem darauf an, dass du übst, Wörter in ihrem Verwendungszusammenhang zu betrachten.

5. a) nein; b) ja; c) nein; d) ja; e) ja; f) ja; g) nein; h) nein

6. a) Die Aversion gegenüber den Neuankömmlingen äußert sich in dem Widerwillen, „zusammenzurücken, die freien Plätze zu räumen, den Stauraum über den Sitzen zu teilen". Es kommt dabei nur deshalb nicht zu gröberen Auseinandersetzungen, da die Beteiligten „einerseits durch den institutionellen Code der Bahn, andererseits durch ungeschriebene Verhaltensnormen wie die Höflichkeit gebändigt [werden]". b) Der ehemalige Eindringling wird durch das Hinzukommen weiterer Fahrgäste zum vollends akzeptierten Teil der Gruppe. Bemerkenswert ist hierbei „das Fehlen jeder Empathie mit den Neuankömmlingen", die nun auf die gleiche Abneigung stoßen wie zuvor der Eindringling selbst. c) „Jede Migration", so Enzensberger, „führt zu Konflikten." Ursache hierfür ist, so der Autor weiter, dass „Gruppenegoismus und Fremdenhaß anthropologische Konstanten [sind], die jeder Begründung vorausgehen". Kanalisiert werden diese Empfindungen durch die Tabus und Rituale der Gastfreundschaft. d) Der Satz „Das Boot ist voll" ist laut Enzensberger deshalb so problematisch, weil mit diesem Satz die „Metapher sozusagen auf den Kopf gestellt [wird]". Nicht die Westeuropäer sind bedroht und sitzen in einem Flüchtlingsboot,

sondern gerade diejenigen, die Hilfe brauchen, werden mit dem sachlich unrichtigen Hinweis abgewiesen, man kämpfe selbst ums Überleben.

7. Für Textmarkierungen gibt es viele Möglichkeiten. Wichtig ist, dass du dir den grundsätzlichen Aufbau des Textes klargemacht hast. Auf der einen Seite steht das „Eisenbahn-Modell", auf der anderen Seite die „Parabel vom Rettungsboot", die im Schlussabsatz miteinander verknüpft werden.

8. Sowohl die „Parabel vom Rettungsboot" als auch das „Eisenbahnmodell" thematisieren Migration. Allerdings sind die Voraussetzungen jeweils völlig andere: Für die *boat people* ist die Migration eine Flucht, bei der es möglicherweise um die bloße Existenz geht. Ihre Flucht hat außerdem den Kontakt mit völlig anderen Kulturkreisen zur Folge.

9. Hier kommt es weniger darauf an, was du ausgewählt hast, sondern darauf, dass du dich mit den Aspekten selbst vertraut gemacht und den Text von Enzensberger noch einmal durchdacht hast.

10. Auffällig sind vor allem die vielen, zum Teil selten gebrauchten Fremdwörter im Text. Hat man die Fremdwörter aber „übersetzt", ist die Sprache des Textes gar nicht mehr so schwer: Es finden sich nur wenige komplexe Sätze, auch schreibt Enzensberger recht anschaulich.

11. Enzensberger möchte mit seinem Text vor allem darauf aufmerksam machen, dass der Satz „Das Boot ist voll" die wahren Verhältnisse auf den Kopf stellt. Dass das tatsächlich die Hauptaussage des Essays ist, ergibt sich aus dem Aufbau des Textes, dessen Argumentation mit dieser Aussage endet.

12. Enzensbergers Argumentation ist in sich zwar stimmig, er behandelt jedoch ausschließlich die negativen Seiten von Migration und lässt außer Acht, dass diese auch positive Seiten hat: Im Falle des Eisenbahnabteils ist es etwa auch möglich, dass man nette Menschen kennenlernt und gute Gespräche führt. Migration über Länder oder Kontinente hinweg kann zu Kulturkontakten und -austausch führen (die USA etwa verstehen sich ausdrücklich als Einwanderungsland).

13. Es handelt sich um ein Balkendiagramm (Darstellungsart) mit dem Thema „Zuwanderung in die EU-Mitgliedstaaten 2004 und 2005". Eine (genaue) Quelle ist nicht angegeben. Die Zuwanderung ist länderweise in absoluten Zahlen angegeben (mal 1000).

14. **a)** falsch; **b)** richtig; **c)** falsch; **d)** richtig; **e)** falsch

15. Die Grafik gibt die Zuwanderung zu einem bestimmten Zeitpunkt (2004 und 2005) wieder und sagt nichts über die Anzahl bereits im Land lebender Zuwanderer aus. Außerdem setzt sie die Anzahl von Zuwanderern nicht mit der Anzahl von Einwohnern eines Landes in Beziehung. (Absolut hatte Deutschland z. B. zwar mehr Zuwanderer als z. B. Österreich, Deutschland hat aber auch etwa achtmal so viele Einwohner wie Österreich, sodass Österreich im Verhältnis zur Einwohnerzahl in den beiden Jahren mehr Flüchtlinge aufgenommen hat.)

16. Hier kommt es vor allem auf deine Begründung an. Einerseits macht die Grafik deutlich, dass Migration kein Randproblem ist, in dem Essay also ein bis heute wichtiges zeitgeschichtliches Phänomen behandelt wird. Andererseits behandelt die Grafik nicht das eigentliche Thema des Essays, nämlich die problematischen Aspekte von Migration.

Kompetenztest 5

1. **a)** nichtdemokratische Herrschaftsform, Diktatur; **b)** Die Möglichkeit von Diktatoren, ohne internationale Kontrolle im eigenen Land tun und lassen zu können was sie wollen, soll ausgehebelt bzw. nicht länger akzeptiert werden. **c)** Die Erklärung ist nicht rechtsverbindlich. Es handelt sich also eher um eine Art Aufruf oder Appell, der aber breite Akzeptanz gefunden hat. **d)** ein Denken, das nur auf Geld bzw. Besitz und Macht und deren Vermehrung ausgerichtet ist

2. **a)** richtig; **b)** falsch; **c)** richtig; **d)** falsch

3. **a)** Hessels behauptet, dass nur derjenige Engagement aufbringen kann, der sich auch empört. Engagement wiederum sei angesichts der großen Probleme besonders wichtig. **b)** Er setzt dem „Immer noch mehr" die Werte Ethik, Gerechtigkeit und nachhaltiges Gleichgewicht entgegen. **c)** Hessels fürchtet, dass Massenkommunikationsmittel der „Jugend keine andere Perspektive bieten als den Massenkonsum, die Verachtung der Schwächsten und der Kultur". **d)** Die Résistance war eine Widerstandsbewegung, und zwar gegen die „faschistische Barbarei" des Nationalsozialismus. Diese Bedrohung sieht Hessels, wenngleich in veränderter Form, auch heute noch.

4. **a)** Futur I Indikativ Aktiv; **b)** Präteritum Indikativ Aktiv; **c)** Konjunktiv II Aktiv; **d)** Konjunktiv II Aktiv; **e)** Perfekt Indikativ Passiv

5. Hauptsätze: **a)** muss man genau hinsehen, muss man suchen; **b)** ist sie dennoch seit 1948 nicht ohne Wirkung geblieben; **c)** Wir müssen radikal mit dem Rausch des „Immer noch mehr" brechen; **d)** Und so rufen wir weiterhin auf zu einem wirklichen, friedlichen Aufstand gegen die Massenkommunikationsmittel

Erörtern

1. Zugrunde liegende Streitfrage: Sollen Piercings und Tattoos für Jugendliche unter 18 Jahren verboten werden?
2. Hier geht es nur darum, dass du dir über deinen derzeitigen Standpunkt klar wirst.
3.

Pro-Argumente	Kontra-Argumente
• Jugendliche tun oft unüberlegt Dinge, die sie später bereuen. • gesundheitliche Risiken (z. B. Kieferbruch bei Zungenpiercing) • „Die Jugend soll lieber ordentlich lernen statt sich zu verstümmeln!"	• Ein Verbot, sei es durch den Staat, sei es durch die Eltern, erhöht die gesundheitlichen Gefahren, da es dazu führt, dass vermehrt unprofessionelle Piercer aufgesucht werden. • Ob jemand ein Intim-Piercings trägt, ist kaum kontrollierbar. • Die Bevormundung durch den Staat könnte zu einem Piercing-Tourismus führen.

Stefan Schäfer: Kompetenztests Deutsch 9/10
© Auer Verlag – AAP Lehrerfachverlage GmbH, Donauwörth

4. Der Hinweis auf die gesundheitlichen Risiken ist grundsätzlich ein gewichtiges Argument. Was du darüber hinaus für wichtig erachtest, hängt nicht zuletzt auch von deinen persönlichen Erfahrungen ab.

5. **a)** Berufung auf Autoritäten; **b)** Berufung auf Normen

6. Welche Fragen du an das Thema hast, hängt von dir ab. Grundsätzlich hinterfragt werden kann das Alter (Ab 14 Jahren ist man uneingeschränkt religionsmündig, mit 16 Jahren kann man theoretisch schon heiraten, aber erst ab einem Alter von 18 Jahren soll man bestimmen können, ob man sich z. B. ein Nostril-Piercing machen lässt. Ist da die Verhältnismäßigkeit gewahrt?) oder die Durchführung (Wer kontrolliert das Verbot? Welche Strafen soll es geben? Für wen?). Auch nach den Folgen eines Verbots könnte gefragt werden (Piercing/Tätowierung in der Illegalität).

7. **a)** Bewertung: Versuch einer Berufung auf Erfahrung; der Erfahrungshorizont von „zuckerschnecke" ist allerdings recht klein (aus einem einzelnen Fall lässt sich nichts ableiten). – Erwiderung: Millionen von Menschen haben Piercings und/oder Tattoos, ohne dass es dadurch zu massenhaft auftretenden Schäden gekommen wäre. Wenn gesundheitliche Risiken bestehen, so muss darüber aufgeklärt werden, ein Grund für ein Verbot sind sie deshalb jedoch nicht. **b)** Bewertung: Versuch eines indirekten Arguments, indem die Wirksamkeit des Verbotes bezweifelt wird. Das Argument bleibt allerdings unvollständig, da ein Beleg fehlt: Es wäre durch analoge Fälle (etwa die Umgehung des Alkoholverbots) noch zu stützen. – Erwiderung: Dieses Argument bezieht sich lediglich auf die Frage der Durchführung. Man geht hier davon aus, dass nur Piercer bzw. Tätowierer bestraft werden. Zieht man dagegen die Gepiercten selbst bzw. deren Eltern zu Verantwortung, ist es egal, wo z. B. ein Piercing gestochen wurde.

8. Die Beschäftigung mit der Frage muss deine erste Meinung natürlich nicht verändert haben. Es ist aber auch alles andere als eine „Schande", wenn du jetzt deine Meinung änderst oder präzisierst.

9. Meinung/These: ich halte es für richtig/wahr, ich nehme an, ich behaupte, ich vertrete die These, meines Erachtens, meiner Überzeugung nach; Argument bzw. Begründung: deshalb, folglich, infolgedessen, daraus ergibt sich, das lässt sich mit dem Argument untermauern; Einwand: indessen, trotzdem, einerseits … andererseits, dem ist entgegenzuhalten, allerdings muss man auch berücksichtigen

10. Hier kommt es natürlich auf deinen Standpunkt zur strittigen Frage an. Wichtig ist vor allem, dass du dich bei der Bearbeitung genau an die Vorgaben in der Aufgabenstellung gehalten hast.

Kompetenztest 6

1. gesundheitlichen Risiken; großes Suchtpotenzial (Zwang zum Telefonieren und Simsen); lenkt Kinder von ihren Pflichten ab; verhindert das Erlernen normaler Kommunikation; verursacht hohe Handykosten („Schuldenfalle Handy")

2. Hier ist wichtig, dass du tatsächlich die entsprechende Textpassage (Z. 7 ff.) in deinen eigenen Worten formulierst, z. B. Kinder und Jugendliche brauchen ein Handy, um sich mit Gleichaltrigen, die meist auch alle ein Handy haben, auszutauschen und zu verabreden. (Wer kein Handy hat, wird möglicherweise von den Gesprächen und Verabredungen der anderen ausgeschlossen.) Außerdem sind Handys bei unvorhergesehenen Ereignissen einfach praktisch.

3. Der Text rät dazu, auf Strafen und Drohungen zu verzichten, einen vernünftigen Umgang mit dem Handy vorzuleben und Kinder und Jugendliche an den anfallenden Kosten zumindest zu beteiligen.

4. Gemeint ist, dass die Kostenbeteiligung ein merkliches Opfer für die Kinder sein sollte, d. h. es sollte sich um einen Betrag handeln, der die Kinder zu Einschränkungen in anderen Bereich zwingt.

5. Zwang zum Telefonieren und Simsen

6. **a)** Subjekt; **b)** (Präpositional-)Objekt; **c)** (temporales) Adverbial; **d)** Akkusativobjekt; **e)** Subjekt(-satz); **f)** Subjekt

7. Hier gibt es verschiedene Möglichkeiten. Wichtig ist in jedem Fall, dass du auf die Aktualität des Themas und/oder seine Bedeutung hinweist (z. B. durch ein Beispiel aus deinem persönlichen Umfeld oder die allgemeine Darstellung der Gefahren, die von einem falschen Umgang mit einem Handy ausgehen; vgl. im Text „Umgang mit dem Handy" Z. 1–6).

8. **a)** richtig; **b)** richtig; **c)** falsch; **d)** richtig

Stefan Schäfer: Kompetenztests Deutsch 9/10
© Auer Verlag – AAP Lehrerfachverlage GmbH, Donauwörth

Quellenverzeichnis

Hans Magnus Enzensberger: Migration führt zu Konflikten. Aus: H. M. Enzensberger: Die Große Wanderung. 33 Markierungen. Mit einer Fußnote „Über einige Besonderheiten bei der Menschenjagd". Frankfurt a. M.: Suhrkamp 1992. S. 14 ff.

Stéphane Hessel: Empört euch! Berlin: Ullstein 2010. S. 14–15, 20 f.

Joseph von Eichendorff: Aus dem Leben eines Taugenichts. Aus: J. v. Eichendorff: Aus dem Leben eines Taugenichts. Garching b. München: Lesewerk 2011. S. 7–10.

Andreas Gryphius: Einsamkeit. Aus: Der große Conrady. Das große deutsche Gedichtbuch. Neu hrsg. v. K. O. Conrady. Düsseldorf, Zürich: Artemis & Winkler 2000. S. 170.

Gotthold Ephraim Lessing: Emilia Galotti. Aus: G. E. Lessing: Emilia Galotti. Garching b. München: Lesewerk 2011. S. 7 f.

Friedrich Schiller: Wilhelm Tell. Aus: F. Schiller: Wilhelm Tell. Berlin: Cornelsen 1992. S. 22–27.

Jeremias Gotthelf: Die schwarze Spinne. Aus: J. Gotthelf: Die schwarze Spinne. Stuttgart: Reclam 1998. S. 42–44.

Heinrich von Kleist: Das Erdbeben in Chili. Aus: H. v. Kleist: Sämtliche Erzählungen und andere Prosa. Stuttgart: Reclam 2004. S. 164–166.

Clemens Brentano: Der Spinnerin Nachtlied. Aus: C. Brentano: Gedichte. Hg. v. W. Frühwald u. a. München: Hanser 1968, S. 131.

Johann Peter Hebel: Kannitverstan. Aus: J. P. Hebel: Werke. Hrsg. v. Eberhard Meckel. Band 1: Erzählungen des Rheinländischen Hausfreundes. Vermischte Schriften. Frankfurt a. M.: Insel 1968. S. 51–53.

Robert Walser: Der verlorene Sohn. Aus: R. Walser: Das Gesamtwerk. Bd. 6: Phantasieren. Prosa aus der Berliner und Bieler Zeit. Hg. v. Jochen Greven. Genf, Hamburg: Kossodo 1966. S. 258–261.

„Auszug 1" = Adalbert Stifter: Der Hagestolz. Aus: A. Stifter: Der Hagestolz. Stuttgart: Reclam 1997. S. 10.

„Auszug 2" = Jeremias Gotthelf: Die schwarze Spinne. Aus: J. Gotthelf: Die schwarze Spinne. Stuttgart: Reclam 1994. S. 3.

Wolfgang Ebert: Reparatur-Quiz. Aus: W. Ebert: Vor uns die Sintflut. Europa: Wien 1974, S. 196 f.

Wolfgang Hildesheimer: Eine größere Anschaffung. Aus: Deutsche Erzähler 1920–1960. Hrsg. v. Hans Bender. Stuttgart: Reclam 1985. S. 348–350.

Stefan Schäfer: Kompetenztests Deutsch 9/10
© Auer Verlag – AAP Lehrerfachverlage GmbH, Donauwörth